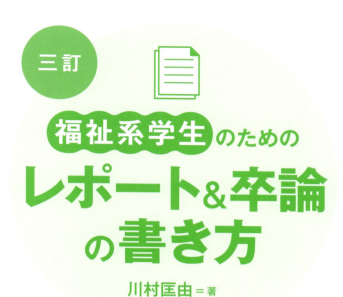

三訂

福祉系学生のための
レポート&卒論
の書き方

川村匡由=著

中央法規

はじめに

　『福祉系学生のためのレポート＆卒論の書き方』は1999（平成11）年に上梓、その後、2005（平成17）年に改訂版を出したところ、全国の福祉系の大学や短期大学、専門学校、高等学校の通学および通信制、さらには一部の大学院でも教科書や参考書として活用されて通算17刷を数え、福祉関係の本としては異例のロングセラーとなっている。これは著者として望外の喜びである。

　しかし、近年、ICT（情報通信技術）やAI（人工知能）時代を迎え、「基礎演習」や「表現力演習」「情報演習」などと称し、1年次よりレポートの書き方を指導し、学生の論理的な思考力や表現力などを養う学校が増えている。また、これらの学校に推薦入学を考えている高校生に対し、そのノウハウを伝授する高校や受験予備校、さらにはウェブサイトまでお目見えしている。

　しかし、レポートや卒業論文（卒論）は高校までの作文や課外活動のレポートと違い、その課題や題目（テーマ）に対する問題意識とそれに関連した知識、さらには自分の意見や主張、提言を論述することが必須のため、単にそのノウハウを習得し、上手に書けばよいというものではない。まして、自分のレポートや卒論について、教員の指導のもと、ゼミ仲間と討議したり、実習先の指導者や就職試験の面接官と質疑応答したりする場面になると、そのようなレポートでは行き詰まってしまうのがオチである。

　このようななか、文部科学省はこれまでややもすれば受け身的な暗記や点取り主義の教育を改め、討論や体験などを通じ、論理的な思考力や表現力を育み、主体的に学習する「アクティブ・ラーニング」や「e-ポートフォリオ」を活用し、デジタル化による「見える化」を図るむねを2024年度の「新・学習指導要領」から各高校で実施すること

にした。福祉系の大学や短期大学、専門学校、大学院の学生には卒業要件の科目の定期試験のレポートや卒論の提出のほか、国家試験受験資格の取得のための科目の履修や実習、さらに就職活動という関門が待ち構えている。このため、サークル活動やアルバイトをしようものなら、あっという間に時間が過ぎてしまう。

まして福祉系のレポートや卒論ともなると、高齢者や障がい者、児童など社会的、経済的弱者はもとより、一般の健常者をも対象に、一人の人間として生涯にわたりその基本的人権が尊重され、だれもが住み慣れた地域でいつまでも安全・安心な生活が保障されるべく、自立を支援する素養が学生に求められる。このため、限られた学生生活のなかで効率よく、しかも的確なレポートや卒論を書くための方法をわかりやすく説いたのが本書である。

とくに三訂版となった本書では、高校からの学習のつながりを重視するとともに、卒業後、福祉の専門職としてノーマライゼーションの理念のもと、利用者への自立支援を通じ、ソーシャルインクルージョンとして彼らを社会的に包摂し、市民福祉社会の実現に寄与できる人材を育成すべく、大幅にリニューアルすることにした。

具体的には、まずStep 1「福祉のレポート・卒業論文を書く前に」の「その2　ものの見方・考え方と行動」、Step 3「福祉のレポートの書き方」、およびStep 4「福祉の卒業論文の書き方」のレポートや卒論などの一部は可能な限り最近のものに差し替えたほか、巻末の「参考文献」にも新たなものを追加した。また、卒業後、福祉系大学院に進学し、修士論文や博士論文を作成、修士や博士の学位の取得を考えている学生の期待に応えるべく、Step 4に「その6　修士論文と博士論文」を加筆した。

いずれにしても、本書を初版、改訂版にも増して福祉系の大学や短期大学、専門学校の通学、通信制、また、大学院およびこれらの学校

に推薦入学をめざす高校、さらに福祉系以外の学生や一般の社会人などに広く活用していただければ著者としてこれにまさる喜びはない。
　最後に、今回の三訂版の刊行にあたり、企画から編集に至るまで多大な助言をしていただいた中央法規出版の野池隆幸、寺田真理子、恒川未希子の各氏、ならびに学生時代に書いたレポートや卒論の掲載に協力して下さった指導教員およびその教え子などの各位にも厚く御礼を申し上げたい。

　　　　2018（平成30）年初夏　都下の研究所にて
　　　　　　　　　　　　　　　　　　　　　　　川村匡由

目次

はじめに

Step 1 福祉のレポート・卒業論文を書く前に

その1 高等学校と大学などとの違い … 2
（1）成績の評価とその対応 … 2
（2）政治・経済・社会と学び … 4

その2 ものの見方・考え方と行動 … 8
（1）ものの見方・考え方 … 8
（2）学びと行動 … 10

その3 福祉の学び方 … 12
（1）サービスの利用者別に学ぶ … 12
（2）サービスの供給主体別に学ぶ … 14
（3）サービスの方法別に学ぶ … 15

その4 レポートと卒業論文の違い … 22
（1）文章を書くとは … 22
（2）書くことが苦手な学生 … 23
（3）文章が上手になる方法 … 24
（4）レポート、論文とは … 28
（5）卒業論文とは … 32

Step 2 執筆の約束事とインターネットの活用

その1 執筆のときの約束事 … 36
（1）用紙の使い方 … 36
（2）注意したい言葉 … 38
（3）執筆のルール … 40
（4）記号などの用い方 … 45
（5）外来語の表記法 … 47
（6）文献および統計・図表の引用法 … 49

（7）文章の推敲 ‥‥‥‥‥‥‥‥‥‥‥‥‥‥‥‥‥‥ 58
　　　（8）英語などの外国語で書く場合 ‥‥‥‥‥‥‥‥‥ 58
　　　（9）パソコンを使って書く場合 ‥‥‥‥‥‥‥‥‥‥ 62

その2　IT・インターネットを使った情報収集法　65

　　　（1）図書館のデータベース ‥‥‥‥‥‥‥‥‥‥‥‥ 65
　　　（2）国立国会図書館のウェブサイト ‥‥‥‥‥‥‥‥ 66
　　　（3）その他の使えるウェブサイト ‥‥‥‥‥‥‥‥‥ 67
　　　（4）検索エンジンの活用 ‥‥‥‥‥‥‥‥‥‥‥‥‥ 68
　　　（5）ネットサーフィンとウェブサイトの引用 ‥‥‥‥ 74

Step 3　福祉のレポートの書き方

その1　各種レポートの対応法　78

　　　（1）試験レポートの場合 ‥‥‥‥‥‥‥‥‥‥‥‥‥ 78
　　　（2）提出レポートの場合 ‥‥‥‥‥‥‥‥‥‥‥‥‥ 84
　　　（3）報告レポートの場合 ‥‥‥‥‥‥‥‥‥‥‥‥‥ 100

その2　通信教育と実習レポートの対応法　107

　　　（1）通信教育の場合 ‥‥‥‥‥‥‥‥‥‥‥‥‥‥‥ 107
　　　（2）実習レポートの場合 ‥‥‥‥‥‥‥‥‥‥‥‥‥ 108
　　　（3）実習報告会の開き方と工夫 ‥‥‥‥‥‥‥‥‥‥ 120
　レポート参考例 ‥‥‥‥‥‥‥‥‥‥‥‥‥‥‥‥‥‥‥ 123

Step 4　福祉の卒業論文の書き方

その1　卒業論文の題目（テーマ）の選び方から提出まで　138

　　　（1）卒業論文ガイダンスから発表まで ‥‥‥‥‥‥‥ 138
　　　（2）スケジュールは実習・就職活動を考えて立てる ‥ 143
　　　（3）題目（テーマ）の選び方 ‥‥‥‥‥‥‥‥‥‥‥ 146
　　　（4）指導教員から助言を得る ‥‥‥‥‥‥‥‥‥‥‥ 151

その2	**参考文献の集め方**	154
	（1）文献などの探し方	154
	（2）データの収集場所	156
	（3）新聞記事の切り抜きと辞書の活用	158
その3	**参考文献の活用法**	161
	（1）参考文献の読み方	161
	（2）データのまとめ方	163
その4	**調査の仕方**	165
	（1）アンケート（質問紙調査法）の方法	165
	（2）インタビュー（面接調査法）の方法	170
その5	**卒業論文の書き方**	172
	（1）卒業論文の様式と体裁	172
	（2）執筆前の構成の整理	172
	（3）執筆の手順〜三段階法	174
	（4）発表・プレゼンテーション	183
	卒業論文参考例	187
その6	**修士論文と博士論文**	212
	博士論文の表紙、サマリーと目次の参考例	217

参考文献 225
索引 229
著者紹介

Step 1

福祉のレポート・卒業論文を書く前に

その1 高等学校と大学などとの違い

（1）成績の評価とその対応

　高等学校（高校）を卒業後、あこがれの大学などに入学し、友人ができて学生生活も慣れてほっとするのもつかの間、ほとんどの学生がまず戸惑うのは夏休みの前に行われる前期のレポート試験である。なぜなら、高校までの○×式や五者択一式がほとんどの定期試験、あるいは課外活動の成果をまとめた報告書、もしくは大学などの推薦入試のため、にわか仕立てで書いて提出した読後感想文や作文と違い、それぞれの教員が出した課題に対し、自由記述式で自分の意見や主張、提言を所定の用紙に書く試験レポート、あるいは自宅で所定の期日までにこれらの内容を書いた提出レポートといった経験は初めてだからである。

　しかも、レポート試験は通常、1年のうち、前期末と後期末の計2回しかないうえ、あらかじめ課題が明らかにされる場合もある一方、事前に明らかにされないこともある。また、教科書やノート、参考書などの持ち込みが認められるかと思えば、これらの措置は一切認められなかったり、所定の期限までに自宅で作成して提出したりすればよいなど、その出題の方法は担当教員によってまちまちである。このため、気を引き締めて取り組まなくては所定の科目の単位の取得などが覚束なくなる。

●**レポートは原則年2回の成績評価**
　とりわけ、前期、あるいは後期の最後の授業で行われる試験レポー

トの場合、ノートや教員が授業で扱った教科書、配布した資料などの持ち込みが認められても、限られた時間内でその教科書や資料などを見ながら書くことになるため、どの答案も同じような出来栄えにしかならず、高い評価など得られるはずがない。まして持ち込みが一切禁止される場合、よりプレッシャーがかかる。また、レポートといっても授業の内容の報告書や感想文ではなく、あくまでも小論文であるため、課題に対する自分の意見や主張、提言がなければ成績の評価の対象にならない。

　さらに、立派な教養人として、また、社会人として必要な政治や経済、社会など一般教養（常識）に関する本も日ごろから読み、ものの見方や考え方、また、それを踏まえた責任ある行動が求められる。このため、教員がシラバス（授業計画）のなかであらかじめ指定したり、紹介したりした教科書や参考書も買わず、ウェブサイトなどで必要な情報を入手し、レポート用紙に向かっても課題に対する自己の意見や主張、提言を述べることはできない。

　なかでも福祉系のレポートや卒業論文（卒論）の場合、重要なことは、国民主権、基本的人権の尊重、平和主義を三大原則とする日本国憲法をベースに、社会福祉の理論や倫理、歴史、方法、専門職の役割、社会保障、高齢者や障がい者、児童などを対象とした社会福祉およびその実践としてのソーシャルワーク（社会福祉援助技術：相談援助）を踏まえ、かつボランティアやサークル活動、実習の体験、さらには新聞やテレビ、ラジオなどの報道、自治体や社会福祉協議会（社協）、施設、病院などの現状を踏まえた論述でなければならないことである。

　とくに大学では、卒業する4年次に卒論を作成し、提出する場合、3～4年次に題目（テーマ）を自由に選び、参考文献の収集や先行研究の検証、調査、観察などを実施し、その結論に対して自分の意見や

主張、提言を所定の文字数のなかで論述しなくてはならないため、膨大なエネルギーを費やすことになる。しかも、国家試験受験資格の取得のための科目の履修や実習、就職活動、受験勉強と平行して取り組むことになる。また、大学によっては実習や卒論の発表（報告）会、口述試験（面接試問）もあるため、レポートや卒論は学生にとって学生生活のなかで最大の難題となる。

● **1年次からマスターすれば当惑しない**

　しかし、レポートや卒論の書き方を1年次から習得していけば当惑することはない。

　事実、拙著を3年次の自分のゼミ（演習）の学生に参考書として紹介したところ、「このような本を1年次から手にしていたら成績がもっとよかったのに…」といわれたが、裏を返せば現代の学生は新聞や書籍を読むよりもウェブサイトなどで情報を収集し、電子メールで意見交換する傾向にあるため、書くことが苦手なように思われる。もっとも、18世紀のフランスの博物学者、ビュフォンも言ったように「文は人なり」の名言は今も変わらないため、レポートも卒論も自分の"分身"といったくらいの意識を持ち、その作成に臨んでほしいものである。

（2）政治・経済・社会と学び

　政治とは、国民から集めた税金や社会保険料を財源に、選挙で選ばれた国会議員が民主主義の原理や徹底した情報公開により、その使途について審議したうえ、有効活用して国民の生命や財産、生活、言い換えれば国民の福祉の向上と国の安定を図るものである。もっとも、これらの権力が一か所に集中しないよう、立法、行政、司法の三権を

分立し、争いが生じたら法律にもとづいて解決することになっている。

　これに対し、経済とは、国民の福祉の向上と国の安定のため、必要な財やサービスを生産、分配し、消費する活動およびこれらを通じた社会関係をいう。

　一方、社会とは、対人間関係によって構成される集合体である。このため、上述した政治や経済はもとより、人口や文化、宗教、思想、芸術などあらゆるものが包含される。それはまた、国内ばかりか、広く国外にも及び、そこでの人々との出会いや学びを通じ、人間も社会も成熟していく。それが昨今、重視されているグローバリゼーション、あるいはグローバリズムである。

● 政治・経済・社会との関係

　いずれにしても、政治や経済、社会は国民の福祉の向上と国の安定、さらには国際社会の恒久平和と繁栄のため、互いに深く関わっている。それだけに、先進国の一員であるわれわれ大人はもとより、学生も政治や経済、社会に一層関心を持った言動が問われている。なお、若者を取り巻く近年の我が国の動向として、2016（平成28）年、選挙権が18歳以上に引き下げられた。また、2022年から成人年齢が20歳から18歳に引き下げられ、女性の結婚年齢は16歳から18歳に引き上げられることになっており、未来を担う若者の自立への期待がうかがえる。

　福祉の専門職をめざす学生にあっては1年次に「権利擁護と成年後見制度」（法学）や「社会理論と社会システム」（社会学）、「心理学理論と心理的支援」（心理学）、「人体の構造と機能及び疾病」（医学一般）、「相談援助の基盤と専門職」（社会福祉援助技術論）、「相談援助の理論と方法」（社会福祉援助技術論）および「現代社会と福祉」（社

会福祉原論)や「社会保障」(社会保障論)などの基礎科目を学んだあと、2年次に「高齢者に対する支援と介護保険制度」(老人福祉論・介護概論)、「障害者に対する支援と障害者自立支援」(障害者福祉論)、「児童や家庭に対する支援と児童・家庭福祉制度」(児童福祉論)などを学ぶ。そのうえで、ゼミと実習を履修すべく福祉のレポートを作成、提出し、成績評価を受けて単位を取得し、社会福祉士や精神保健福祉士などの国家試験の受験資格を取得することになる。

また、多くの大学では3～4年次、高齢者、障がい者、児童、地域福祉などの専門領域別にそれぞれの指導教員のゼミに所属し、題目(テーマ)を自由に選んで卒論を作成、提出する。そして、成績評価を得て卒業要件を満たして卒業すべく、就職活動や国家試験に立ち向かい、卒業後、福祉の専門職として巣立つことになる。

● 福祉を重視した学び

ただし、このような詰め込み教育の現状でおわかりのように、社会人として、否、人間として必要な政治学や経済学、法律学、社会学など教養科目が大幅にカットされていることは否めない。また、第二外国語やパソコンの技術の習得などの科目の選択もままならない。

そこで、これを補うべく、ソーシャルワーカーの養成教育にあっても、何はともあれ、その人格的な素養という意味において、国民主権、基本的人権の尊重、平和主義を三大原則とする日本国憲法をベースに、政治・経済・社会との関係を踏まえ、国民の福祉の向上と国の安定に寄与するという社会的使命を自覚することが必要である。まして高齢者や障がい者、児童など、ややもすれば社会的、経済的弱者を中心にその自立支援に努め、かつ本人のエンパワメント(能力開化・権限付与)を引き出すソーシャルワーカーを志望する者にあっては、そのために必要な福祉の理論や技術を習得するだけでなく、常に上述

した日本国憲法の三大原則や政治・経済・社会との関係も踏まえ、国際社会の恒久平和や繁栄などグローバルに学ぶことが求められているのである（図表１－１）。

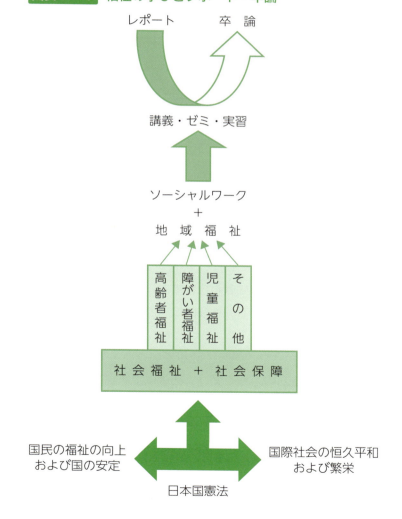

図表１－１　福祉の学びとレポート・卒論

その2 ものの見方・考え方と行動

（1）ものの見方・考え方

　さて、福祉を学び、ソーシャルワークに従事するうえで大切なことは、ものの見方・考え方と行動について注意することである。

　このうち、ものの見方・考え方の例として、たとえば「老人とは何か」といわれた場合、どのような回答をするのだろうか。「年寄り」「高齢者」、あるいは「65歳以上の人たち」などと答える学生が多いのではないだろうか。

　厚生労働省は、この「老人」について「この法律の目的とするところは、社会的弱者である老人の福祉を図ろうとするものであって、老人の弱者たる性質の程度には、児童の場合と異なり相当の個人差があり、一律の年齢で画することが適当でないことから定義がなされていない。（中略）したがって、本法[1]上の『老人』という用語の解釈は、社会通念上把握される概念に委ねられており、強いて定義すれば、心身の老化が顕著であり、かつ、社会的にも老人として認められるような人といえよう」としている[2]。もっとも、その厚生労働省はそれでは同法にもとづく制度や政策を実施していくうえで困難をきたすとし、国際連合（国連）の定義を受け、65歳以上を高齢者として老人福祉や介護保険制度を推進している。

　しかし、2017（平成29）年現在、平均寿命は男性が80.98歳、女性

1　老人福祉法
2　厚生省社会局老人福祉課（現厚生労働省老健局高齢者支援課）監『改訂 老人福祉法の解説』中央法規出版、61～62頁、1987年

が87.14歳で、男女とも香港に次いで世界第2位となり、ついこの間まで「人生80年時代」といわれたものの、今や「人生90年」から「人生100年」時代に向かいつつあることを考えれば、65歳という年齢をもって高齢者とするのは日本の実情に合わない。折しも少子高齢社会や人口減少が年々顕著となり、今後、2050年から2065年にかけ、年金や医療、介護、子育てなどの社会保障給付費がさらに増大する見込みのため、年金の支給開始年齢を原則65歳から70歳に引き上げるべきではないか、などと議論されるほど予断を許さない情勢である。

● **主観的、客観的な見方・考え方**

しかし、このような議論で見落とされているのが老人、あるいは高齢者といわれている人たちの「思い」である。ちなみに、このような人たちを対象にした調査によると、「老人とか高齢者とは80歳以上」、あるいは「自分は生涯現役のため、老人とか高齢者といった意識はない」「孫に『おじいちゃん』とか、『おばあちゃん』などといわれるのは抵抗感がないが、他人からそう呼ばれるのは心外だ。ちゃんと私の名前をいってほしい」などと反発する人もいる。

そこで、最近、これらの言葉に代わって多用されているのが「エイジレス」や「エイジフリー」「シニア」「生涯現役」である。また、英語圏では「シニアシチズン」などといい、「オールドピープル」などは禁止語となっている。実際、著者もそのような年齢になってみて心境は同じである。

また、本書で障害者を「障がい者」としているのもその一つで、他人からみればその状態は障害とみてとれても、本人にとっては単なる個性にすぎず、健常者と同様、基本的人権が尊重され、ノーマライゼーションの理念とソーシャルインクルージョンの実践を通じ、社会参加をめざしている。このため、このような状態にある人たちを一律

に障害者と決めつけるのは差別以外の何物でもなく、身体障害者福祉法や知的障害者福祉法、精神保健及び精神障害者福祉に関する法律（精神保健福祉法）などの名称も改める必要があると思われるが、このような議論はいまだに本格化されていない。そこで、本書では当面、障害を「障がい」と言い換えて現在に至っている。

いずれにしても、このように老人、あるいは障がいという言葉一つを例にとってみただけでも第三者からだけでなく、本人からみてどうなのか、主観的、また、客観的なものの見方・考え方がいかに大切か、ということを理解できるのではないだろうか。

（2）学びと行動

さて、このように専門的な理論と技術を学び、社会福祉士や精神保健福祉士などの国家試験に合格し、それぞれの上部団体に登録後、その専門職として高齢者や障がい者、児童など社会的、経済的弱者や一般の健常者の福祉の向上のため、その自立支援に努めるわけだが、これらの利用者をサポートする過程でさまざまな困難なケースに突き当たることがある。「自分としてはもっと支援したい」、あるいは「制度や政策がもっと利用者の側に立っていれば自立支援もより充実し、福祉ニーズの充足から充実へと図ることができるのではないか」、もしくは「自立支援やエンパワメントをより充実させたいのは山々だが、自分の生活も大切にしたいため、もう少し職場の人間関係や待遇をよくしてもらえればいいのだが…」などというのが現状である。

● ムーブメントとしてのソーシャルアクション

周知のように、福祉の利用者はこれまでややもすると高齢者や障がい者、児童など社会的、経済的弱者で、福祉サービスを利用するのに

世間体を気にしたり、ためらったり、遠慮しがちであったが、2000（平成12）年に介護保険制度が導入されたことなどを受け、その後、利用する権利としての意識が徐々に浸透しつつある。また、介護職員の平均月収は2014（平成26）年の厚生労働省の統計によると、全産業の給与所得者が32万9600円であるのに対し、ホームヘルパーは22万700円、施設職員は21万9700円といずれも10万円ほど低いのに対し、ソーシャルワーカーの平均月収はこれよりも若干高く、公務員の給与規程に準ずるものの、その労働時間や休暇の多少、福祉厚生、退職金などの現状を考えればまだまだ低い。

　しかし、専門的な理論や技術を習得し、かつ利用者に必要なサービスを提供し、その自立支援に努めるソーシャルワーカーが人格者として、また、その専門職として業務をまっとうするには、本人の労働への意欲を削ぐようなことがあってはならない。

　したがって、利用者の福祉の向上や自身の労働の意欲や価値に疑問を抱かざるを得ない場合、その改善のため、政府や自治体、さらには広く国民にその窮状を訴えるべく、ムーブメント（行動）としてのソーシャルアクション、すなわち、社会活動も必要であることを自覚したいものである。

その3 福祉の学び方

　一口に福祉といってもさまざまな分野があるため、福祉のレポートや卒論を書く前に、その具体的な学び方についてあらかじめ知ったうえで臨んだ方がより理解しやすい。

　そこで、ここでは福祉の学び方について説明する。言い換えれば、福祉を学ぶ視点をどこに置くべきかを考える、ということである。

（1）サービスの利用者別に学ぶ

　まず一般的な方法として、社会福祉に関する各法律の体系に従い、高齢者、障がい者、児童などというようにサービスの利用者別に福祉を学ぶことである（図表1－2）。これは、いずれの大学や短大、専

図表1－2　サービスの利用者別の学び方

高齢者の福祉	→	高齢者に対する支援と介護保険制度
障がい者の福祉	→	障害者に対する支援と障害者支援制度
児童の福祉	→	児童や家庭に対する支援と児童・家庭福祉制度
貧困者、低所得者などの福祉	→	低所得者に対する支援と生活保護制度　など

門学校でも学年の初めに配布されるシラバス（授業計画）にもとづき、履修登録して講義に臨み、理解することになる。

　具体的には、1年次に「権利擁護と成年後見制度」（法学）や「社会理論と社会システム」（社会学）、「心理学理論と心理的支援」（心理学）、「人体の構造と機能及び疾病」（医学一般）、「相談援助の基盤と専門職」（社会福祉援助技術論）、「相談援助の理論と方法」（社会福祉援助技術論）および「現代社会と福祉」（社会福祉原論）や「社会保障」（社会保障論）などの基礎科目を学んだあと、2年次から3年次にかけ、「高齢者に対する支援と介護保険制度」（老人福祉論・介護概論）、「障害者に対する支援と障害者支援制度」（障害者福祉論）、「児童や家庭に対する支援と児童・家庭福祉制度」（児童福祉論）、さらにはゼミや福祉事務所、社会福祉施設、社会福祉協議会（社協）などにおける実習というように専門科目を履修することになっている。

　また、教科書や参考書もこのような科目別に記述されたものが使われる。このほか、実際にこれらのサービスを実施している行政にあっても、社会福祉各法にもとづき、サービスが利用者別に整備されているため、実習などの際にも理解しやすい。

●住民参加にもとづく公私協働の地域福祉

　これは、いうまでもなく履修科目が高齢者福祉や障がい者福祉、児童福祉などの社会福祉各法にもとづき、設定されていることに由来する。もっとも、このようにサービスの利用者別に福祉を学ぶことは、福祉のそれぞれの法律や制度、行政の"縦割り"に伴う方式を鵜呑みにし、その弊害や問題点に着目せず、福祉を学ぶことになってしまうおそれもある。

　日本の福祉は近年、少子高齢化や人口減少、国民の福祉ニーズの多様化・高度化・複雑化、さらに財政の逼迫に伴い、従来の施設福祉か

ら在宅福祉へと施策の重点が移行されている。また、その実施主体も国から地方、わけても市町村に移譲されており、欧米のようにノーマライゼーションの理念とソーシャルインクルージョンの実践のもと、住民参加にもとづく公私協働による地域福祉へと推進されている。

　その意味で、福祉を学ぶには社会保障は基本的に政府・自治体の制度・政策としながらも、従来の社会福祉は国民・住民や社協、施設、病院、さらにはNPO法人（特定非営利活動法人）、ボランティア、企業など公私協働の事業・活動による地域福祉として推進するよう、臨むことが大切である。

（2）サービスの供給主体別に学ぶ

　これに対し、サービスの供給主体別に学ぶという視点もある。

　具体的には、行政、すなわち、政府および自治体による行政サービス、そして、民間、すなわち、施設、病院、社協、生活協同組合（生協）や農業協同組合（農協）、NPO法人、ボランティアなどの非営利団体による有償、または無償サービス、さらには企業などの営利団体による有料のサービスごとにそれぞれの実態を把握し、学ぶという方法である（図表1－3）。

　もっとも、この学び方についても上述した"縦割り"に伴う弊害は避けられない。この方法も、その方式を鵜呑みにして弊害や問題点に着目せず、福祉を学ぶことになってしまうおそれがある。また、サービスの供給主体別に学ぶことはややもするとそれぞれのサービスを提供する側の自己満足で終わってしまう、というおそれもある。

●サービスの利用者側の視点も大切

　したがって、サービスの利用者別に学ぶ方法と同様、現在の社会福

図表1－3 サービスの供給主体別の学び方

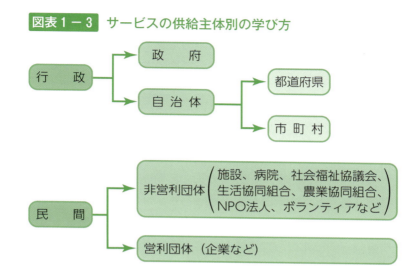

祉のそれぞれの法律や制度、行政の"縦割り"に伴う弊害をなくして"横割り"に是正すべく、サービスを供給する側からだけでなく、地域社会を共通のベースとしてとらえる。そして、サービスを受ける利用者の側にも視点を置き、常に利用者のニーズとサービスのマッチングを重視すべく、学ぶことが大切である。

（3）サービスの方法別に学ぶ

　最後は、サービスの方法別に学ぶという方法である。これは、上述したサービスの利用者別に学ぶ方法、およびサービスの供給主体別に学ぶ方法の双方を踏まえ、制度・政策という視点と事業・活動、言い換えれば援助という視点に立って学ぶ方法である。
　具体的には、制度・政策という視点による方法は政府および自治体による福祉サービスを行政施策のあり方として福祉を学ぶものであ

る。このため、その多くは福祉の法律の制定および改正や法律、政・省令、さらには制度にもとづいた政策の企画・立案、予算執行、事業の実施、およびその効果測定など進行管理のあり方を研究することが中心となる。

　一方、事業・活動としての援助という視点による方法は利用者の福祉ニーズを把握・分析し、援助計画、サービスの実施、すなわち、援助を行うべく、ケースワーク（個別援助技術）、グループワーク（集団援助技術）、コミュニティワーク（地域援助技術）ごとにそのあり方を研究することが中心となる。もっとも、近年では地域福祉の重要性にからみ、従来のケースワーク、グループワーク、コミュニティワークをソーシャルワーク全体としてとらえ、かつ地域においてこれらを統合したコミュニティソーシャルワーク（CSW）とし、小・中学校通学区域など利用者の日常生活圏域における小地域福祉活動、さらには地域包括ケアシステムの深化・推進としての地域共生社会、言い換えれば市民福祉社会を実現する視点が重視されている（図表1－4）。

　いずれにしても、サービスの方法別に福祉を学ぶとしても、このような制度・政策と事業・活動としての援助だけでは実態に応じた福祉の学び方としては重大な欠陥がある。

● 制度・政策と援助を総合的にとらえる

　そこで、福祉のサービスを方法論的に学ぶ重要な視点として、従来の制度・政策論に民間部門による事業・活動論を加え、この制度・政策論と事業・活動論、すなわち援助論との役割分担および機能連携を研究し、サービスの供給主体の運営（経営）のあり方を学ぶ運営（経営）論がある。これがいわゆる福祉マネジメントである。

　具体的には、制度・政策という視点による政府および自治体による

Step 1 福祉のレポート・卒業論文を書く前に

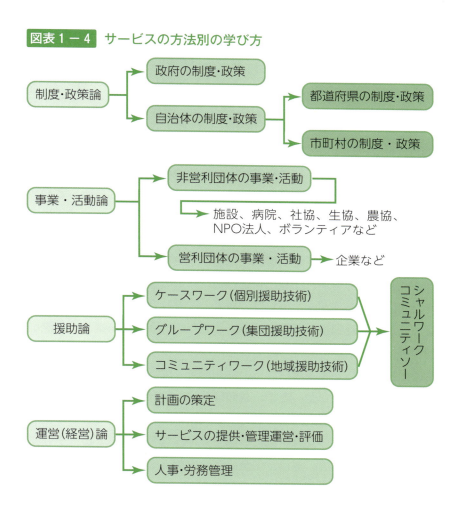

図表1－4 サービスの方法別の学び方

　行政サービス、および施設や病院、社協、生協、農協、NPO法人、ボランティアなどからなる非営利団体および企業など営利団体による事業・活動の民間サービス、それに利用者に対する援助を総合的にとらえ、福祉のニーズとサービスのマッチングを図るものである。すなわち、社会福祉行政をはじめ、社協や施設、病院などを中心とした利

用者の福祉ニーズの把握から、それを踏まえたサービス計画の策定、提供、管理運営（経営）、評価、さらには人事・労務管理などに至るまで学ぶものである。とりわけ、高齢者の福祉にあっては2000（平成12）年から介護保険制度、また、障がい児者の福祉にあっては2003（平成15）年から支援費制度がそれぞれ導入されたほか、その後、2006（平成18）年に障害者自立支援法、2013（平成25）年には障害者の日常生活及び社会生活を総合的に支援するための法律（障害者総合支援法）に改正・改称されただけに、このような視点は今後、きわめて重要なものと思われる。

　このほか、福祉の哲学や理念・思想、歴史、運動、さらには欧米などの社会福祉の事情と国際比較を行い、日本の福祉の問題や課題などを学ぶ方法もあるが、とりわけ、後者の国際社会福祉の場合、詳細な文献調査や踏査調査が必要である。このため、大学を卒業後、実際に福祉の仕事に就いて実務経験を積んだり、大学院に進学してから本格的に研究者として学ぶ場合ならいざ知らず、大学や短大、専門学校の段階ではかなり荷が重いため、背伸びをしない方がよいと思われる。
　なお、これらの研究方法として、調査研究と実験研究からなる量的アプローチ、および文献研究と事例研究からなる質的アプローチがある。このうち、卒論の場合、調査研究、または事例研究が最もオーソドックスだが、この点についてはStep 4「福祉の卒業論文の書き方」で述べたい。

　いずれにしても、福祉はどのように立派な法律や制度・政策、事業・活動があっても、利用者にサービスを提供する側において利用者の基本的人権を尊重し、かつ生存権を保障し、住み慣れた地域でいつまでも健康で、かつ安全・安心で生命や財産、生活を見守るべく、豊かな

人間性に裏付けられた専門的な理論と実践がなければ利用者の自立支援、ましてエンパワメントの向上に努めることはできない。それだけに、福祉を学ぶ前にまず国民主権、基本的人権の尊重、平和主義を三大原則とする日本国憲法をベースに、政治や経済、社会の仕組みを理解し、かつ政治学や経済学、社会学、法学、医学、建築学、さらには歴史学や教育学、心理学、人類学、災害科学などを学び、従来の人文科学や社会科学、自然科学を統合した統合科学はもとより、より根源的には平和と人権を基軸にした＜人間科学＞として福祉を学ぶ必要がある。

● **これだけは知っておきたい参考書**

　初学者を対象とした文献として、用語集や用語辞（事）典、六法全書、入門書、資料、さらにはメディア別に図表１－５にまとめたので参考にしていただきたい。

図表1-5 知っておきたい参考書

●用語集および用語辞(事)典
仲村優一・一番ヶ瀬康子・右田紀久恵監『エンサイクロペディア 社会福祉学』中央法規出版、2007年
仲村優一ほか編『現代社会福祉事典（改訂新版）』全国社会福祉協議会、1988年
秋元美世・大島 巌・芝野松次郎ほか編『現代社会福祉辞典』有斐閣、2003年
小田兼三・京極髙宣・桑原洋子ほか編著『現代福祉学レキシコン（第二版）』雄山閣出版、1998年
日本社会福祉実践理論学会編『社会福祉実践基本用語辞典（新版）』川島書店、2004年
「シリーズ・21世紀の社会福祉」編集委員会編『社会福祉基本用語集（七訂版）』ミネルヴァ書房、2009年
中央法規出版編集部編『六訂 社会福祉用語辞典』中央法規出版、2012年
山縣文治・柏女霊峰編『社会福祉用語辞典（第9版）』ミネルヴァ書房、2013年
川村匡由『すぐ役立つ福祉のホームページ（改訂版）』ミネルヴァ書房、2002年
九州社会福祉研究会編『21世紀の現代社会福祉用語辞典』学文社、2013年

　　　　　　　　　　　　　　　　　　　　　　　　　　　　　　　　　など

●六法全書
ミネルヴァ書房編集部編『社会福祉小六法（各年版）』ミネルヴァ書房
社会福祉法規研究会編『社会福祉六法（各年版）』新日本法規出版
社会福祉法人大阪ボランティア協会編『福祉小六法（各年版）』中央法規出版
福祉小六法編集委員会編『福祉小六法（各年版）』みらい
野崎和義監・ミネルヴァ書房編集部編『ミネルヴァ社会福祉六法（各年版）』ミネルヴァ書房

　　　　　　　　　　　　　　　　　　　　　　　　　　　　　　　　　など

●入門書
柏倉秀克編著『エッセンシャル社会福祉学』久美、2014年
仲村優一・三浦文夫・阿部志郎編『有斐閣選書 社会福祉教室（改訂版）』

有斐閣、1983年
宮脇源次・森井利夫・瓜巣一美・豊福義彦『社会福祉入門（第5版）』
　　ミネルヴァ書房、2001年
一番ヶ瀬康子編著『新・社会福祉とは何か（第3版）』ミネルヴァ書房、
　　2007年

　　　　　　　　　　　　　　　　　　　　　　　　　　　　　　など

●講座および双書
川村匡由編著『シリーズ・21世紀の社会福祉（全21巻）』ミネルヴァ書
　　房
『社会福祉学習双書』編集委員会編『社会福祉学習双書（全16巻）』全国
　　社会福祉協議会
社会福祉士養成講座編集委員会編『新・社会福祉士養成講座（全21巻）』
　　中央法規出版

　　　　　　　　　　　　　　　　　　　　　　　　　　　　　　など

●資料
厚生労働省編『厚生労働白書（各年版）』
厚生労働統計協会編『国民の福祉と介護の動向（各年版）』厚生労働統
　　計協会
社会保障入門編集委員会編『社会保障入門（各年版）』中央法規出版

　　　　　　　　　　　　　　　　　　　　　　　　　　　　　　など

●刊行物
『月刊福祉』全国社会福祉協議会
『地域福祉情報（各月号）』ジャパン通信情報センター
『福祉広報』東京都社会福祉協議会

　　　　　　　　　　　　　　　　　　　　　　　　　　　　　　など

●メディア関係
「福祉新聞」福祉新聞社
「シルバー新報」環境新聞社

　　　　　　　　　　　　　　　　　　　　　　　　　　　　　　など

その4 レポートと卒業論文の違い

（1）文章を書くとは

　福祉のレポートと卒論の書き方を説明する前に、そもそも文章を書くとはどのようなことか、考えてみたい。

　いうまでもなく、私たちの多くの言動は目と耳と口と頭、それに手と足が頼りである。目は物事を見るものであり、耳はそれらを聞くものである。足は動く、すなわち、物事を見たり、聞いたりするために行動する。とくに福祉のレポートや卒論を書く場合、その前提としてさまざまな情報を収集したり、実習をしたり、サービスを提供したりすることが求められるため、これらのツールは重要な要件の一つである。そして、これらのツールを介し、頭で考えたうえ、手で、あるいはパソコンで文章を書いて自分の感想や意見、主張、提言などを他人に伝える。

● **文章は自分の意見や主張、提言を伝える手段**

　では、文章とは一体何か。一口でいえば、それは自分の意見や主張、提言を他人に正確に伝えるための手段である（図表1－6）。すなわち、文章を書くということは自分がそれまでに経験したり、学習したりした事柄を思い起こし、その意見や主張、提言をレポート用紙や原稿用紙などに書いて再現し、確認するとともに、その結果を他人に正確に伝えるために行う作業である。それだけに、文章を書くことは使用する用語などの意味を知り、正確に書かなければならないだけでなく、ふだんから社会現象に対する問題意識を持ち、かつそれに対

図表1-6 私たちの言動と文章の関係

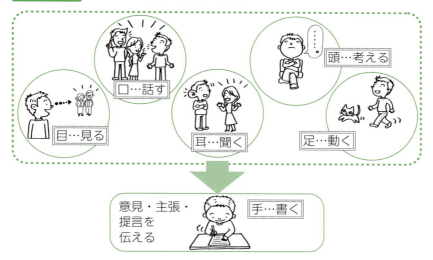

する批判的な精神を育まなければならない。

したがって、単にレポートや卒論の書き方を説明した本を読むだけでは、説得力のあるものが書けるはずがない。文章には書き手の知見や人間性はもとより、福祉マインドがそのまま現れるからだ。

いずれにしても、自分だけがわかっていたり、自分にしかわからない類いのものは文章とはいえないのである。

（2）書くことが苦手な学生

ICT時代の折、大学、短大、専門学校の学生の大半はスマートフォン（スマホ）やパソコンを持ち、電子メールで指導教員へレポートを提出し、補講・休講（休校）の有無を確認する。求人情報の収集もインターネットで行っている。このようにパソコンを使いこなす一方

で、手紙はおろか、ハガキ一つ書けない学生も少なくない。

●書くことが苦手なのは教育にも問題がある

　もっとも、これには学生だけに問題があるとは言い切れない。なぜなら、高校までの作文教育の不十分さ、あるいは日本語そのものの難しさにもその原因があると思われるからである。

　確かに、日本語には漢字がたくさんあり、しかも字画がややこしい。このため、国語の辞書を手にしなければ正しく書けないことが多いので、一字一句についてその意味が正しいかどうか、自分で確かめながら書かなければならない。さらに、文章によってはそれぞれの形式があるため、これにのっとったものにしなければならない。

　もちろん、高校時代、希望する大学や短大、専門学校に入学するため、担任の教師や受験予備校の講師などから小論文の書き方について勉強をする機会がないわけではない。しかし、これはあくまでも受験対策にすぎず、文章力、まして論理的な思考力に裏付けされた表現力が身につくようなものとは言いがたい。

　したがって、大学や短大、専門学校の学生が急にレポートなどを書くことは、土台、無理な話なのである。

（3）文章が上手になる方法

●多くの文章を読み、書く

　そこで、次に文章はどのようにしたら上手になるのかということであるが、これについては一般教養書である『岩波新書』（岩波書店）などの新書をはじめ、新聞のコラムや社説、雑誌の寄稿文などをできるだけ多く読むことである。そして、文体や用語、句読点の打ち方、文章のリズムなどに注意しながら、自分の考えていることや思ってい

ることを文章に表し、他人に読んでもらうことである。

　また、他人の文章の真似をすることによって少しずつ自分の文章を改善し、上達させることも重要である。もっとも、その場合、ただ単に文章を書くのではなく、政治や経済、社会の動向への問題意識や批判的な精神のもと、論理的な思考力によって自分は何を主張したり、考えたり、提言したいのかを意識しながら自己の表現力をみがいたうえで書くことが必要である（図表1－7）。

　なお、名文や美文を身につけるための教材として、よく川端康成や志賀直哉など文豪の名作や名著を読み、文章を修業するようにいわれる。なるほど、これらの作品は天性の資質のある人たちによるもので、格調も高い。

　しかし、レポートや卒論は、事実を踏まえた問題の解決策などの提言が論理的に構成されていればよく、必ずしも文学的、また、芸術的な名文や美文である必要はない。その意味で、レポートや卒論は実用

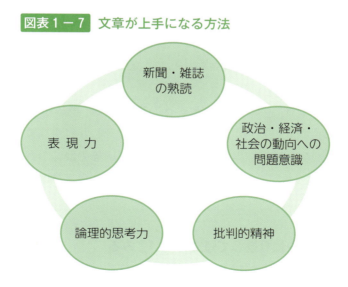

図表1－7　文章が上手になる方法

文の一種といえなくもない。

● 主語と述語を照応させる

　まず大切なのは、主語と述語を照応させることである。この場合、問題となる事柄や物を指す部分が主語であるのに対し、動作や作用、または性質や状態、関係が述語である。この主語や述語がなかったり、主語と述語との関係がきちんと照応していないと文章の筋が乱れてしまう。

　要するに、主語と述語の位置をなるべく近づける、あるいは文章の途中で主語を変えることがポイントというわけである。あとにくる語を説明する修飾語が離れたり、落としたり、長すぎたりする場合も同様に注意することが必要である。

　また、その際、できるだけやさしい単語を選ぶ。文章の長さもせいぜい60〜70字程度に収め、いくつかの事柄を何もかも一つの文章のなかに詰め込まない。箇条書きや引用の部分が長くなる場合、なるべく文中から取り出し、別の文章とするように工夫する。そして、最後に、読み手が読んだあと、何らかの反応や感想、感動が残るようなものにする。新聞記事でいえば見出しになるような"キャッチコピー"を考えてみるのもよいだろう。

　要は、力んで上手に書こうとするのではなく、読み手の立場になり、自分がはっきりと知っている事柄を正確でわかりやすく、きちんと書くことである。逆にいえば、何を書いているのか、つかみどころがない、また、何をいいたいのかわからないような文章は悪文というわけである。

● 聴写と視写を繰り返して短文を書いてみる

　ところで、わかりやすい文章を書くにはまずは書く修業を積むこと

が大切である。

具体的な方法としては、岸本裕史氏が著書『見える学力、見えない学力』(大月書店、1981年)で指摘しているように、聴写と視写の二つがある(図表1－8)。

このうち、聴写とは、他人に新聞や雑誌など記事の一部を読んでもらい、それを聞きながら全文をノートに書き写すことである。この場合、漢字や平仮名、片仮名、句読点などを正確に書き写していく。次に、書いた内容を読み上げ、表記に間違いがないかどうか、自分で判断する。そして、最終的には読んでもらった教材にあたり、最終チェックをする。

一方、視写は自分で好きな教材を探し出し、その文章を見ながら原稿用紙に丸写しをすることである。聴写のときは他人が読んで注意してくれるが、視写の場合はすべて自分で行う。最初は短文で、かつ、できるだけ難度の低い文章を選びながら書いていく。その後、次第に長文を書いていくとよい。一字一句を見ながら書いていくので面倒ではあるが、慣れてくると文節ごとに一気に書き写すことができるようになってくる。そこまでくれば書くのもあまり苦にはならなくなる。

いずれにしても、このように聴写や視写を繰り返していくうちに文字や文章が正しく速く、しかもわかりやすく書くことができるようになる。「学問に王道なし」といわれるが、文章修業もまさにそれで、

図表1－8　わかりやすい文章を書く訓練の方法

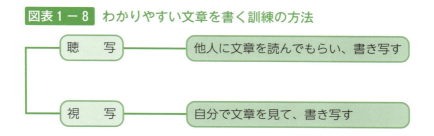

書く訓練を繰り返すしか方法はない。

（4）レポート、論文とは

●レポートは講義やゼミの理解度をみるもの

　レポートとはいうまでもなく、英語の「Report」をそのまま日本語化したものである。このため、単にレポートといった場合、さまざまな調査や研究などの結果をまとめた報告書を思い浮かべがちである。

　しかし、本来のレポートとは、自分が見たり、聞いたり、調べたりした事実を踏まえ、それに対する自分の意見や主張、提言を書くことである。とくに大学や短大、専門学校の学生が指導教員に提出するレポートは、その指導教員が示した課題に対し、自分の意見や主張、提言を理論的に書いて提出する論文を意味する。

　したがって、課題についてくわしい説明をする必要はない。もっとも、レポートの課題はある意図のもとに指導教員から示されるのが一般的であるが、まれにどのような課題とすべきか、学生自身に委ねられることもある。

●大切なのは論理性と個性

　レポートも論文である以上、何について調査・研究を行って書くのか、また、その論文によってどのような自分の意見や主張、提言を行うのか、証明していく作業になる。このため、単に自分の感想や意見、考えが求められる作文とはまったく異質のものである（図表1－9）。

　具体的には、作文は自分の体験や目撃したことなどを書けばよい。たとえば、自分の主張を述べるときはその理由や根拠を明示せず、

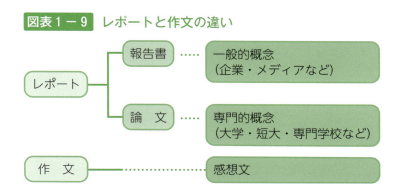

図表1−9 レポートと作文の違い

「○○だと考える」または「××だと思う」などと書いて結べばよい。

　これに対し、論文は自分の意見や主張、提言を正確に表現するもので、論理的な思考力や表現力、さらには人間や社会に対する知識が必要とされる。たとえば、ある課題に対し、「もちろん、○○である」、または「確かに××である」として、いったんは相手の言い分を認めたり、紹介したりするものの、「しかし」、または「もっとも」などとして自分の意見や主張を客観的な根拠を示しながら述べる。そして、最終的には「イエス」、または「ノー」を明確にし、「○○でなければならない」、もしくは「××すべきである」などとして論理的に結ぶ。

　この場合の「論理的」とはどのような読み手に対しても説得力があるということだが、それは自分の個性、すなわち、書き手の個性を前面に押し出すことでもある。たとえば、本文のなかで自分の体験や新聞やテレビ、雑誌などから得た政治や経済、社会などの話題を提示し、自分の意見や主張、提言を明示することなどである。

● 論文の種類

　論文の種類と形式だが、これは課題論文と自由論文に大別すること

ができる（図表1−10）。

　このうち、課題論文はあらかじめ与えられた課題に対し、自分の意見や主張、提言を書くもので、試験論文と研究論文、報告論文の三つに分けることができる。

　これに対し、自由論文は卒業論文が代表的なものである。

● **課題論文とは**

　課題論文について試験論文から順に説明する。

　試験論文は大学や短大、専門学校の教養課程や専門課程で、ふだんの授業や前期末・後期末試験で指導教員から出題されるものである。これは試験レポートとも呼ばれ、今までの講義の内容に対する理解度を問うものである。このため、出題された課題に示されている論点を

図表1−10　論文の種類

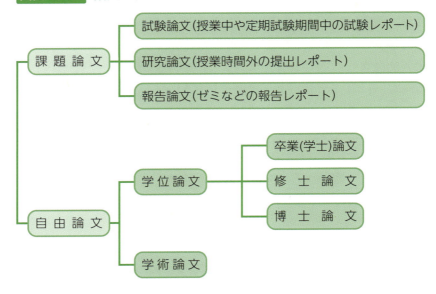

的確に把握したうえ、講義で示された内容との関連を明らかにし、これらに具体的な検討を加え、自分の意見や主張、提言を述べる。

これに対し、研究論文とは授業や定期試験以外に提出するもので、提出レポートとも呼ばれる。通常、それまでの講義の内容や講義に関連した内容に対する理解度を問うもので、課題はあらかじめ指導教員によって示されるのが一般的である。もっとも、時に、学生自らが課題に対して調査・研究し、意見や主張、提言を書くことが求められることもある。いずれにせよ、執筆にあたって引用、または参考にした文献は明示する必要がある。

一方、ゼミなどで行われるのが報告論文で、報告レポートともいう。これは指導教員がゼミの内容に対する理解がどの程度か、学生に問うものであるため、特定の課題に対して作成するものである。このため、与えられた課題について具体的にどのような論点があるか、整理したうえ、そこから新たにどのような問題が生ずるか、自分の意見や主張、提言を書いて問題提起することが求められる。

また、ゼミにおける討議の内容を踏まえ、作成する必要があるときは討議の内容を十分整理したうえ、全体としての結論のほか、ゼミ生としての自分なりの補足意見を示してまとめるとよい。

● 「皆と同じ」ではない独創性を養おう

いずれにしても、これらのレポートや論文は、卒論のように長い文章や数か月にもわたる調査を求められるものではない。要は、与えられた字数にきちんとまとめ、論理的に書かれていることがポイントで、かつ学問的に独創的な着眼点があれば成績の評価もさらによくなるものである。

ちなみに、筆者はこれまで大勢の学生から提出されたレポートを採点しているが、1、2年生の場合、主として自分の感想や意見、体験

談をダラダラと書きつづっているケースが多い。しかし、3、4年生になるとこのような傾向は薄れ、学術的な専門用語を使用したものが目立つようになるのが一般的である。これは1、2年生から3、4年生へと進級するにつれ、専門書を読み込んでいるという証（あかし）で大いに歓迎すべきである。

　ただ、残念ながらこれらの大半は自分の言葉ではなく、講義に使った教科書や参考書の文章をそのまま書き写したものが多い。なかにはウェブサイトで検索した論文を一部コピーしたものを、さも自分の論文であるかのように提出する不心得者も時々見受けられる。いわゆる「コピペ」である。これは著作権法違反であり、評価以前の問題である。

　しかし、そのようななかにあって、"光った答案"、すなわち、独創性のあるレポートをみると成績の評価もＡ（80〜89点）、あるいはＳ（90〜100点）などと高くしたくなる。なぜなら、これらの多くは教科書だけでなく、シラバス（授業計画）や学生自らが探し出した参考書、先行研究の論文を十分読んだうえで、自分の意見や主張、提言を述べたものだからである。

（5）卒業論文とは

●自由論文は自ら課題を選ぶ研究論文

　一方、自由論文は学生が課題を自由に選び、自分の意見や主張、提言を書く研究論文である。

　この自由論文には学部を卒業して学士を取るための卒業（学士）論文、大学院に進学して修士の学位を取るための修士論文、さらには博士号を取るための博士論文、それに学術論文と細かく分けることができる（図表1−10）。

　このうち、卒業（学士）論文は大学に在学中の最終的な勉強の成果

を示すものであるため、多くの場合、1年間で仕上げる。これに対し、修士論文は大学院の修士課程（博士前期課程）に進んでからの研究の結果で、2年間で仕上げることが一般的である。また、大学院の博士論文はさらに3年間の博士課程における研究業績の結果であるので、高度、かつ学問的な独創性が要求されるため、数年間かけて仕上げることになる。

● 卒論は大学4年間の総まとめ

　さて、このうちの卒業（学士）論文、すなわち、卒論は大学を卒業するうえで必要な単位を取得し、学士の学位を得るための自主的、自発的な論文である。そこで、この4年間に学んだすべての知識や技術、体験などを総動員する。

　具体的には、4年間の学生生活でいろいろ学んでいる間、研究してみたいと思う題目（テーマ）を自由に選び、自分が発見したことを順序立てて述べ、論理的に説明し、表現するために書くものである。このため、題目（テーマ）は慎重のうえにも慎重に絞り込むことが必要であるが、だからといって、途中で絶対に変えてはならないというわけではない。

　ただし、それも大学によっては一定の期限を設けているため、その期限までには最終的な題目（テーマ）を決めなければならない。

　卒論の長さは、4000字前後であるレポートに対し、図表や参考文献なども含め、1万5000〜3万字以上となる。大学によっては優秀な卒論は学部・学科、学内の学会や研究サークルの機関誌、あるいは「研究紀要」に掲載することもある。

　ともあれ、「10〜20年後の社会や自分のために書く、あるいは学生になった自分の子どもに自慢できるものを」というくらいの意気込みが必要である。

Step 2

執筆の約束事とインターネットの活用

その1 執筆のときの約束事

　レポートにせよ、卒業論文（卒論）にせよ、論文という以上は他人に読んでもらうものであるため、その書き方についてはだれでも守るべき約束事というものがある。

　以下に述べる約束事は基本的には横書きでも縦書きでも同様だが、福祉のレポートや卒論の場合、横書きが一般的である。

（1）用紙の使い方

● レポートの書き出しに気をつける

　レポートにせよ、卒論にせよ、かつては原稿用紙がほとんどだったが、ICT時代を迎えたなか、その主流は今や、A4サイズのレポート用紙となった。また、記述も試験レポートの場合、鉛筆やシャープペンシル、ボールペンだが、レポートや卒論の場合、パソコンによる作成、印字となった。もっとも、いずれの用紙でもその使い方はかつての原稿用紙への記述と変わらない。

　そこで、ここでは原稿用紙への記述を基本に説明する。

　まず第一に、用紙に1字ずつ書いて埋め、その上部に1枚ごとに「1」「2」「3」などの順でページの通し番号（ノンブル）を打っていく。

　レポートの課題や卒論の題目（テーマ）は横書き、縦書きとも2行目の上より3字目あたりから書くが、その課題や題目（テーマ）が長いか、短いかにより体裁を考える（例2－1）。たとえば、題目（テーマ）が長い場合は3字目あたりから詰めて書くのに対し、短い

例2-1 題目（テーマ）や氏名などは体裁を考えて書く

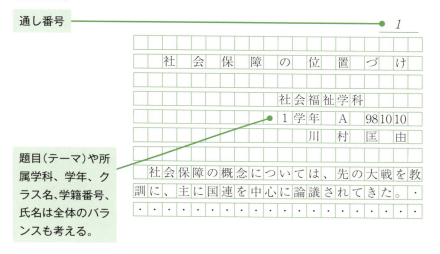

場合は全体の配置を考えながら1字ずつ空けるなどして伸び伸びと書く。

　次に、所属学科、学年、クラス名、学籍番号、氏名は体裁を考え、用紙の4行目の10字目あたりから改行しながら3段組みで書く。

　文章の書き出しは、用紙の8行目から冒頭を1字下げて書き始める。以下、改行ごと、また、段落の冒頭でもそれぞれ1字空けて書く（例2-2）。

● 必要に応じて行を空ける

　また、文章の章や節、項の標題の前後は1行ずつ空ける。一つの章が用紙の途中で終わる場合、次の章を1行空けて書き続けるか、ページを改めて書くかはあらかじめ指導教員の指示をあおいでおく。

　もっとも、行を空けることでレポートの体裁が散漫になってしまっては意味がない。文章が用紙の途中で終わったとしても、一つのつな

例2－2 書き出し、改行、段落の最初は1字空ける

書き出しでは1字空ける。

　社会保障という言葉が世界で初めて使われたのは1935年、アメリカにおいて・・・・・
・・・・・・・・・・・・・・・・・・・・・・

社会保障の対象

　もっとも、その実態は一部の勤労者を対象とした労働者保険と貧困者の救済に・・・・
・・・・・・・・・・・・・・・・・・・・・・

改行、段落の最初も1字空ける。

がりのある内容であれば、必要以上にたくさん段落をつけたり、改行をしない方がよい。

（2）注意したい言葉

●口語体、常用漢字、読みやすい言葉が基本

　まずは、わかりやすい口語体を使う。また、固有名詞や引用の場合などを除き、常用漢字を原則とする。そして、必要に応じて片仮名やローマ字を使ったりする。誤字や脱字、耳慣れない略語を慎むことはいうまでもない。副詞や接続詞、助詞、助動詞、補助動詞、形式名詞はいずれも平仮名書きとする（図表2－1）。

　このほか、同音異義語を誤りなく使い分けたり、類義語から最も適した語を選んだりして、同じ言葉を繰り返さないようにしたい。

　また、「俺」や「あたし」などの俗語も使用厳禁である（図表2－2）。

図表2-1 平仮名書きにする代表的な副詞や接続詞

副　　詞	余り　　　　→あまり 可成り　　　→かなり 矢庭に　　　→やにわに
接 続 詞	所が　　　　→ところが 従って　　　→したがって 及び　　　　→および 並びに　　　→ならびに
助　　詞	位　　　　　→くらい（ぐらい）
助 動 詞	様である　　→ようである 然うである　→そうである
補助動詞	で有る　　　→である して行く　　→していく 出来る　　　→できる
形式名詞	事　　　　　→こと 時　　　　　→とき

図表2-2 使用厳禁の俗語の一例

俗　　語	俺、あたし　→私 ○なんか　　→○など いろんな　　→いろいろな そんな　　　→そのような ××みたいな→××のような

●名誉毀損(きそん)や差別用語、プライバシーなどに注意

　さらに、俗語や人種、階級、職業などについて差別観念を表すような語句や表現は厳禁である。たとえば、身体的、精神的に障がいのある人やその関係者を刺激するような語句や表現である。

　また、認知症高齢者や寝たきり高齢者、知的障がい者、精神障がい者、貧困者、低所得者などはもとより、その家族や関係者の名誉を傷

つけるおそれがあったり、実名を出すと本人や関係者に迷惑を及ぼすおそれがあったり、未成年の非行などを伝えたりする場合、名前や住所などを仮名にしたり、伏せたりする。

（3）執筆のルール

● **句読点は読み手がわかりやすいように打つ**

　句点（。）は文末につけるのに対し、読点（、）は文中の切れ目に入れるもので、いずれも1字分を1マスに書く。もっとも、これらの句点や読点が行の最初（1マス目）にきてしまった場合、前行の最後の文字の右下に書き加える。受けのカギカッコ（」）も同様である（例2－3）。

　問題は文章上における読点のつけ方（位置）だが、実は一定していないのが実態である。なぜなら、基本的には論理的な打ち方が望まれるものの、執筆者によっては心理的な打ち方を加味するなど、考え方に違いがあるからである。もっとも、読点の位置により、まるっきり違う意味になってしまうこともあるため、注意が必要である（例2－4）。

　そこで、句読点の打ち方について基本的な約束事をあげると、まず長い修飾語や述語を伴った主語はそこで区切り、句点を打つ（例2－5）。

　文章があまり長いと間延びして読みづらいうえ、主語と述語の関係も不透明になりやすい。このため、できるだけ主語と述語を近づけて照応させるほか、文章そのものを短くする。もっとも、あまりに短文の場合、流れが悪くなることもある。これを避けるためには「ので」「もっとも」「しかし」「さて」「ところが」「そこで」などの接続詞を適切に使い分け、リズムのある文章とする。

Step 2　執筆の約束事とインターネットの活用

例2－3　句読点、受けのカギカッコは行の初めには書かない

×　め、各科目のノートを自分なりにまとめると
　　、「社会福祉はノーマライゼーションの理念
　　」にもとづき・・・・・・・・・・・・・・

○　め、各科目のノートを自分なりにまとめると、
　　「社会福祉はノーマライゼーションの理念」
　　にもとづき・・・・・・・・・・・・・・・

例2－4　違った意味にならないよう、読点の位置に注意

　　ホームヘルパーは、汗だくになって身動き
　　できない高齢者を介助した。

　意味　汗だくになった高齢者を、ホームヘルパーが介助した。

　　ホームヘルパーは汗だくになって、身動き
　　できない高齢者を介助した。

　意味　ホームヘルパーは身動きできない高齢者のため、
　　　　汗だくになって介助した。

例2−5 長い修飾語や述語を伴った主語はそこで区切り、句点を打つ

✗ 　高齢者は老化現象によって心身の機能が低下したり、減退したりして足腰が弱く(なり、)このため若いうちから健康に対して関心を持つとともに、その維持に心がけることが大切である。

⬇

○ 　高齢者は、老化現象によって心身の機能が低下したり、減退したりして足腰が弱く(なる。)このため、若いうちから健康に対して関心を持つとともに、その維持に心がけることが大切である。

　ちなみに、筆者は読み手が読むときに息を継ぐ必要がなく、かつリズミカルな文章となるよう、心がけている。なぜなら、論文の場合、まず論理的な読点を第一とし、しかも読み誤りを防ぎ、かつ読みやすくすることが命と思うからである。

● **文体は「である調」で統一する**
　文体には「です・ます調」「である調」などがあるが、レポートや卒論の場合は「である調」を基本とする（例2−6）。このため、たとえば「です・ます調」、または「である調」など2種類以上の文体の混用は望ましくない。

例2-6 文章は「である調」に統一して書く

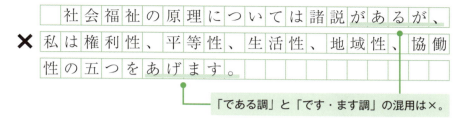

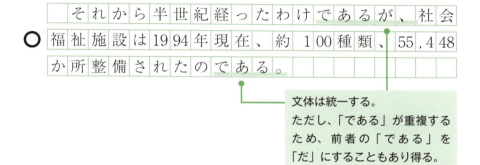

● **段落は論理の区切りごとに**

　また、文章では必ず段落を切る。そうしなければ長文となって読みにくいからである。しかし、だからといって、単に数多く段落を切ればよいかというと必ずしもそうではなく、論理の区切りごとに段落をとることも重要である。

　学生のなかにはワンセンテンスごとに改行するケースも見受けられるが、これは読みづらい。悪くいえば、こうすることによって字数を稼いでいるのではないか、と勘ぐらざるを得ないのである。

● **誤字・脱字があった場合の対応**

　誤字や脱字がないよう、注意することはいうまでもない。試験で誤

字や脱字を見つけたら、消しゴムなどできれいに消してから書き直すが、試験論文などの場合で時間がないときは二重線で消し、上部に書き改める。誤字の場合、誤った個所を白の修正液で消したまではよいとしても、その個所を書き忘れて空白になったまま提出してしまうといった、うっかりミスに気をつける。

　また、書き直した結果、1字（マス）分の空欄ができてしまった場合、その個所に（∧）の記号を入れる。逆に字を入れたい場合、（⌒）の記号を入れて挿入する（例2−7）。

　ともあれ、誤字や脱字が一つでもあれば、内容がいかにすばらしいものであってもその分、減点する指導教員もみられるが、やむを得ないことである。

例2−7　誤字や脱字への対処の仕方

×　｜施設が少いため、基本的には欠因が生じた場合、担当の福祉士職にそのむねを連絡するこ

○　｜施設が少いため、基本的には欠~~因~~（員）が生じた場合、担当の福祉士∧（な）にそのむねを連絡するこ

（4）記号などの用い方

●記号の種類と活用方法にも注意する

「　」

　まず、一重カギカッコ（「　」）は会話や引用文を自分の文章と区別するために使う。長い文章が続く卒論の場合、そのつど改行することもあるが、レポートの場合は改行せず、カギカッコをつけ、そのまま文章の一部として書くことが一般的である。

『　』

　二重カギカッコ（『　』）は定期刊行物や書籍の書名などを示す場合に用いる。または一重カギカッコの中にさらにカギカッコを書かなければならない場合、もしくは他人の言葉を引用する場合などに使う。

（　）、〈　〉

　丸カッコ（（　））は断り書きや説明、注などに使う。さらに、山形カッコ（〈　〉）は引用した語を強調するために使う場合が多い。

・

　中黒（・）は同格の語が続いたり、密接な関係にある語の間に使う。たとえば、「少子高齢社会・人口減少」や「冷戦後の非核・軍縮化の一方」「保健・医療・福祉の連携」「生きがい・社会参加」などである。

？、！

　疑問符（？）や感嘆符（！）は小説や詩などでよくみられる表現であるが、レポートや卒論などのように論理的な文章を書くときは、引用文の場合はともかく、それ以外の場合は避ける。

● **数字の表記方法**

　数字の表記の基準は文章を横書きにするか、縦書きにするかによって異なる。

　横書きの場合、数字は1字（マス）分に2字入れる。たとえば、年月日では「平成30年12月7日」とし、「平成３０年１２月７日」とはしない（例2－8）。時間も「午後2時55分」とし、「午後２時５５分」とは書かない。年齢も「35歳」とし、「３５歳」とはしない。4桁の西暦については3マス分を使って「2005年」とし、5マス分を使って「２００５年」とはしない。身長、体重、面積などほかの場合もこれに準じて書く。また、1000以上の場合、「1,000」などと1000を単位に位取りを表す読点を入れる。

　このほか、数の幅を示すものは原則として上位の数字を省かない。たとえば、「20～21世紀」とし、「20～1世紀」、あるいは「20、1世紀」とはしない。もっとも、西暦の場合や表などに用いる場合、「2004～05年」、もしくは「237～8頁」とする慣例はある。

　この場合、一般的には「－」とするようであるが、それでは引き算のようになってしまうおそれもあるため、筆者は「～」の方を使うように指導している。

例2－8　数字の書き方（横書き）

✕

1	,	0	0	0		
		1	0	0		
			1	0		
平	成	3	0	年	1	2 |月	7	日

→　○

		1	,0	00	
			1	00	
				10	
平成	30	年	12	月	7	日

例2−9 数字の書き方(縦書き)

× 　平成三〇年一二月七日／平成30年12月7日／平成三十年12月7日／一〇／一〇〇／一〇〇〇

○　平成三十年十二月七日／十／百／千

　なお、縦書きの場合については原則として漢数字を用いる。たとえば、年月日は「平成三十年十二月七日」とし、「平成三〇年一二月七日」とはしない(例2−9)。時間も「午後二時五十五分」とし、「午後二時五五分」とは書かない。年齢も「三十五歳」とし、「三五歳」とは書かない。

　ちなみに、2019年、天皇陛下の生前退位に伴い、元号が改まるため、同年以降、元号を併記する場合、注意したい。

(5) 外来語の表記法

● 片仮名による表記

　外来語の表記については片仮名にするが、外国人や外国の地名も原則として片仮名を用いる。この場合、原語の発音として日本人が聞き取ることができる音を基準にして書く。たとえば、「ノーマライゼー

ション」や「ホームヘルパー」などの類いである。

　福祉の用語は片仮名が多くてわかりにくいため、日本語を併記する場合がある。たとえば、上述したホームヘルパー（訪問介護員）、ケアマネジャー（介護支援専門員）、デイサービス（通所介護）、ショートステイ（短期入所生活介護）などである。

　なお、外来語が2語以上からできている場合、中黒（・）を使って区別する。たとえば、「リタイアメント・コミュニティ」や「コミュニティ・ディベロップメント」などである。もっとも、2つの語以上から成立している複合語の場合は原則として1語で書き、中黒（・）は使わない。「バリアフリー」や「ナーシングホーム」などがその例である。

● 原語の表記

　一方、日本語の文章の一部に外来語を挿入する場合、まずその外来語の読み仮名を片仮名で表記したあと、原語を記入して日本語訳を書き添える。日本語と外来語が交じった用語で、かつ原語も表記する場合、原語は丸カッコ（（　））の中にそのスペルを明記して備えるとより丁寧でよいと思われる（例2-10）。

　人名も、その読み仮名を片仮名で示したあと、ファミリーネーム（ラストネーム；姓）を先に書いてカンマ（,）をつけたうえ、ミドルネームを含めたギヴンネーム（ファーストネーム；名）を書くのが正式である。もっとも、その人のファミリーネーム、ギヴンネームのいずれかはイニシャルとピリオドだけで省略することが一般的である。

　もう一つ、欧文は縦書きの原稿用紙でも横書きにするが、この場合、欧字は1字（マス）分に2文字入れることになる。

Step 2 執筆の約束事とインターネットの活用

例2-10 外来語を交じえた本文の書き方

> また、1961年の世界的な石油ショックや少子高齢化がこれに拍車をかけたため、1979年に誕生したサッチャー(Thatcher Margaret Hilda；1925-2013)政権は大胆な行財政改革に踏み切り、従来の「Welfare(与える福祉)」から「Workfare(自立自助する福祉)」、すなわち、行財政改革を断行した。これがいわゆる"サッチャーリズム(Thatcherism)"である。

人名の表記方法。生没年を入れることもある。略す場合、「M.H.Thatcher」「Thatcher, M.H.」。

日本語と外来語が交じった場合の表記方法。

外来語と日本語訳の順で表記する。なお、Welfareを「Welfare：ウェルフェア」と読み仮名をつければ、なお丁寧になる。

出典：川村匡由『地域福祉源流の真実と防災福祉コミュニティ』大学教育出版、2016年、36頁を一部修正

(6) 文献および統計・図表の引用法

●引用文献と参考文献

　論文やレポートを執筆する際、他人の文献を引用したり、参考にしたりすることがある。いわゆる引用文献と参考文献である(図表2-3)。

　このうち、引用文献は、自分の論旨を展開する過程で、例証の材料を示すものとして、またはある見解を肯定し、自分の見解を補強するものとして、もしくはある見解を批判するものとして論文の中に直接用いる文献である。

　ちなみに、学界では「引用のない論文は学術論文ではない」といわ

図表2-3 引用文献と参考文献

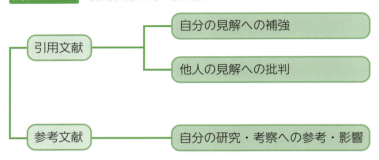

れている。なぜなら、論文が論者の独断と偏見によるものではなく、それまでの先学者の研究の成果、すなわち、先行研究を踏まえ、自己の研究の成果を駆使して私見、あるいは自説を披露し、かつ世に問い、学界にその成果を足跡として残し、貢献するためにも、関連する文献を引用することは最低の要件となっているからである。

これに対し、参考文献は文字どおり、その論文を書くにあたり、自分の研究や考察するうえで参考に供し、しかも影響を受けたものである。

● **文献の引用は誠意をもって明示する**

ところで、文献を引用する場合に注意しなければならないことは著作権への配慮である。なぜなら、著作権法は思想、または感情を創作的に表現した学術、文芸、美術、写真、音楽などの著作物に関する著作権を保護することが定められている（著作権法第10～13条）。

しかも、著作権法によると、他人の著作物を引用する場合、著作者が著作物を創作、公表した時点からその死後50年（映画の場合、70年）以内に個人的、または家庭内、その他これに準ずる限られた範囲内において使用すること以外は、原則としてその著作者の許諾が必要

とされている（著作権法第51〜58条）。もっとも、公表された著作物は公正な慣行に合致し、かつ報道や批評、研究、その他の引用の目的上、正当な範囲で行われるものはそのむね通知、または付記などをすればよい。

　具体的には、原文を忠実に引用する場合とその要旨を引用する場合の二つがあるが、引用文はなるべく短くする。また、本文から取り出して改行し、1行目は本文より3字下げて書く（例2－11）、あるいは一重カギカッコ（「　」）でくくり、本文とはっきり区別することが原則である。そのうえで、章、節、項などの末尾に「尾注」、あるいは本文の下部に「脚注」として、著者や著書名などを紹介するのが一般的である（例2－12）。この「尾注」と「脚注」のいずれにするかであるが、読み手にとっては「脚注」の方が理解しやすい。

　一方、文献の表記は、論文の場合、単著であれば著者名、「論題」、『所収誌・誌名』、巻数、号数、発行所名、発表（発行）年、引用ページを明示する。また、共著（共同執筆）であれば引用ページの前にブラケット（[　]）を使い、[鈴木]などとして該当個所の執筆者を示す。これに対し、単行本の場合には著者名、『著書名』、発行所（出版社）名、出版年、引用ページを明示する。複数人による共著であれば全員の著者名を連記する（例2－13）。

　なお、試験レポートの場合、引用文献は、本文中の見解に関連することならいざ知らず、それ以外の場合は丸カッコ（(　)）で著者名を示す程度でよい。

　ところで、本文中におけるこれら著者名や主張者の表現方法としては、一般的には「○○○○によると……」などと敬称を略しているが、少なくとも学生の場合は「○○○○氏」、または「○○○○教授」などと敬称をつけるべきである。なぜなら、文献を引用するか否かにかかわらず、それが礼儀だからである。

例2-11 文献の引用の例

1．原文に忠実な場合

　　ちなみに、この平和の希求と人権の擁護、言い換えれば尊重について日本国憲法では次のような前文を掲げている。
　　　「（中略）日本国民は、恒久平和を念願し、人間相互の関係を支配する崇高な理想深く自覚するのであって、平和を愛する諸国民の公正と信義に信頼して、われらの安全と生存を保持しようと決意した。われらは、平和を維持し、専制と隷従、圧迫と偏狭を地上から永遠に除去しようと努めている国際社会において、名誉ある地位を占めたいと思ふ」
　　そこで、これを受け、日本国憲法第1条で国民主権、第9条で平和主義、第11条で国民の基本的人権の尊重という日本国憲法の三大原則をより具体的に定めることになった。（中略）

出典：川村匡由「「社会福祉の普遍化」への新地平～平和・福祉国家としての日本再生のために～」『武蔵野大学人間科学研究所年報』第5号、2015年、7頁

> 引用文の個所は全体的に2文字分、左側を空けて書く（最初の行は3文字分を空ける）。
> なお、引用部分を本文より1行ずつ空けて表記する場合もある。

> 引用部分が本文に忠実か、または要旨のいずれかを明記する。

2．原文の要旨の場合

　　そこで、1997（平成9）年に制定、2000（平成12）年に施行された介護保険法でこの介護の定義についてどのように定められているのか確認すると、同法第7条（定義）第1項で「この法律において、『要介護状態』とは、身体上又は精神上の障害があるために、入浴、排せつ、食事等の日常生活における基本的な動作の全部又は一部について、厚生労働省令で定める期間にわたり継続して常時介護を要すると見込まれる状態であって、その介護の必要に応じて厚生労働省令で定める区分（以下「要介護状態区分」という。）のいずれかに該当するもの（要支援状態に該当するものを除く。）をいう」としている。（中略）

出典：川村匡由『介護保険再点検～制度実施10年の評価と2050年のグランドデザイン～』ミネルヴァ書房、2014年、2頁

> 引用文は「」でくくる。

> 共著者が複数の場合、全員の名前を表記する。

> サブタイトル（副題）も明記する。

> 「出典」でなく、「出所」としてもよい。

> 発行年、引用個所のページも表記する。

Step 2　執筆の約束事とインターネットの活用

例2－12　脚注、尾注の例

　このようななか、田代国二郎は社会事業的保護に関する政策的（制度的）、過程的（技術）および運動的な体系ととらえる孝橋正一説、および医療ソーシャルワーカー（Medical Social Worker：MSW）が、医療チームの一員として医療ケースワーク的技術を重視する厚生労働省の視点を統合すべきとしている[1]。（中略）

1　川村匡由・生田人志編著『医療福祉論―これからの医療ソーシャルワーク（シリーズ・21世紀の社会福祉⑨）』ミネルヴァ書房、2011年、2頁を一部改変

「注1」などとしてもよい。なお、注記は小文字とする。

例2－13　文献の引用の例

1．論文（雑誌）の引用の場合

注
（1）　北川慶子「書評　川村匡由著『防災福祉のまちづくり：公助・自助・互助・共助』」『社会福祉学』第58巻第3号、2017年、201～206頁

著者名、「論題」『所収誌・誌名』巻数、号数、発行所名、発表（発行）年の順に表記する。

2．単行本の引用の場合

注
（1）　川村匡由『脱・限界集落はスイスに学べ―住民生活を支えるインフラと自治』農山漁村文化協会、2016年

著者名、『著書名』発行所（出版社）名、出版年の順に表記する。

なお、"孫引き"、すなわち、他の文献の引用文を自らの論文などに再度引用することについてだが、基本的には避け、可能な限り原本を入手して対処することである。どうしても原本を入手することができない場合、"孫引き"せざるを得ないが、そのときははっきりとそのむねを示す。とくに翻訳書の場合、だれの翻訳によったのか、明記する。

　このほか、引用した文中に誤りがある場合、自分の間違いでないことを明らかにするため、「原文どおり」、または「原文のまま（外国語文の場合は「sic」）」とする。また、引用文を省略する場合、その個所に「……」、もしくは「（中略）」と明示する。

●参考文献は末尾に一覧表を設ける

　参考文献の場合、論文の末尾に「参考文献」として一覧表にして紹介するのが一般的である（例2−14）。この場合、論文を執筆する過程で間接的に利用した程度のものは「参考文献表」には含めない。なぜなら、必要以上に多い「参考文献表」は自分の浅学を疑わせるようなものだからである。

　なお、具体的な明記の仕方は、著者の姓名をアルファベット順にまとめたもの、あるいは資料の種類別にしたうえ、そのアルファベット順にしたものがある。著者名のない百科辞典や新聞、雑誌などは書名、新聞名、雑誌名に従って配列する。

●統計・図表を引用する方法

　統計や図表は、より客観的なデータであるため、これらを引用すればより説得力がある。もっとも、そのためにはおのずと約束事がある。

　まず、統計や図表は基本的にはすべて数表やグラフによって表す。

例2-14 参考文献表の例

参考文献
1. 群馬県火山防災対策連絡会議「平成28年版　火山噴火（爆発）防災計画」2017年
2. 嬬恋村「浅間山火山防災マップ」1996年
3. 農林水産省「国営農地開発事業『嬬恋地区』評価結果基礎資料」2008年 ← 政府や自治体の計画や資料、報告書も参考文献に加えたい。
4. 松島榮治『広報つまごい』No.646「シリーズ・嬬恋村の自然と文化」2005年ほか
5. 釜石市「東日本大震災・釜石市証言・記録集『伝えたい3.11の記憶』」2016年
6. 三陸地域災害後方支援拠点施設整備推進協議会「提案書―地震・津波災害における後方支援拠点施設整備―」2007年
7. 遠野市社会福祉協議会・遠野市災害ボランティアセンター「3.11　東日本大震災の記録～『市民、関係団体との協働』～」2015年
8. 静岡県「避難所運営マニュアル」2007年
9. 川村匡由『地域福祉源流の真実と防災福祉コミュニティ』大学教育出版、2016年
10. 気象庁ホームページ：http://www.jma.go.jp/　2018年6月10日 ← ホームページにはアドレスと検索年月日も入れる。

出典：川村匡由『地方災害と防災福祉コミュニティ』大学教育出版、2018年より一部抜粋・修正

　このうち、数表は、横書きの場合は横長、縦書きの場合は縦長でそれぞれ作成されたものを本文の当該個所に添付する（例2-15）。グラフの場合も同様である（例2-16）。数表、グラフともにナンバーを打ち、「Ⅰ」「Ⅱ」「Ⅲ」、または「1」「2」「3」、あるいは「図表

例2-15　図表の引用

　そこで、標準的な年金額は2004（平成16）年度現在、月額23万5,258円であるが（図表3-8）、これは被用者（サラリーマン）の夫が厚生年金や国民年金に40年加入し、被扶養配偶者（専業主婦）である妻が65歳になって老齢基礎年金を満額受ける場合に限られるほか、夫は通常、妻よりも年上であるため、夫婦の年齢差を考えれば、夫のモデル年金額は67〜70歳の時点で受ける年金の合計額と考えるのが実態に合っている。

図表3-8　被用者世帯の標準的年金額（厚生年金）と
　　　　　国民年金（老齢基礎年金）の満額年金額

（2004年度現在）

	2003年度	2004年度
厚生年金[1]（月額）〔サラリーマン世帯の標準的な年金額〕	235,992円	235,258円
国民年金[2]（月額）〔老齢基礎年金〕	66,417円	66,208円

注：1）　厚生年金は、夫が平均的な賃金で40年制度に加入した場合に受ける夫婦（妻は専業主婦）の年金額で、夫の厚生年金（基礎年金含む）と妻の基礎年金の合計額。
　　2）　満額の場合の年金額。
出典：社会保険研究所編『年金時代〈増刊号〉春』2004年を一部修正

（注記）
- 図表には通しナンバーを打つ。
- 縦書きを横書きに修正した場合などは「一部修正」と示す。
- 出典は必ず明記する。

Step 2　執筆の約束事とインターネットの活用

例2−16　グラフの引用

具体的には、国民年金の保険料は2004（平成16）年度現在、1万3,300円であるが、2005（平成17）年度から毎年、280円アップさせ、2017（平成29）年度時点で1万6,900円まで引き上げたのち、固定化される（図表3−6）。

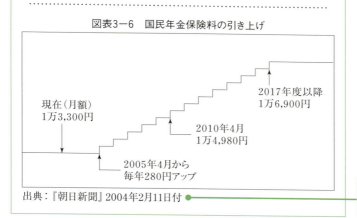

図表3−6　国民年金保険料の引き上げ

現在（月額）1万3,300円
2005年4月から毎年280円アップ
2010年4月 1万4,980円
2017年度以降 1万6,900円

出典：『朝日新聞』2004年2月11日付

出典は必ず明記する。

「Ⅰ」「図表Ⅱ」「図表Ⅲ」などと示すとともに、それぞれに表題をつける。図表が他人の文献からの引用の場合、必ずその著者名、著書名、発行所（出版社）名、発行年を示すことはいうまでもない。自作の場合、「筆者作成」と念を押しておけば、評価上、加点となる。

　なお、グラフの種類には施設や病院の勤務状況の月例比など棒状で示したものを並列させ、その長さを比較する棒グラフ、病気などのときの体温表など時間の経過とともに、バイオリズムの変化などを測る線グラフ、在宅の高齢者の生活実態などのアンケート調査など円を全体と考え、さまざまな比率を表す扇形グラフ、それに高齢者の毎年の交通事故死をイラストの大小で示すなど、視覚的に数値の比率、また

は福祉サービスの手続きの流れを表す画グラフなどがある。

（7）文章の推敲

●推敲して文章に磨きをかける

　実際の文章を書くにあたっては、前述したこれらの約束事を守るため、文章の推敲を行うことが大切である。すなわち、文章の流れや言い回しなどに間違いがないかを点検し、その内容をブラシュアップし、「文章は自分の分身」というくらいのこだわりを持って書き込むということである。

　具体的には、課題を的確にとらえているか、文章の構成からみて段落の切り方は妥当であるか。また、センテンスはほどよい長さか、主語や述語が照応していなかったり、目的語や修飾語が入り組んだりしてわかりにくい部分はないか、語句は適切か、より的を射た表現はないか、言い回しに学問的な独創性のみられる個所があるか。さらには誤字や脱字はないか、記号や符号のつけ方に説得力があるか。また、漢字と平仮名の比率はおおむね4対6、ないしは3対7程度になっているのかなど、さまざまな角度から十二分に点検し、かつ推稿したうえで清書する。

（8）英語などの外国語で書く場合

●英語圏の文化、風俗、習慣を踏まえて書く

　レポートや卒論を英語などの外国語で書く場合について簡単に説明する。なぜなら、日本の大学や短大、専門学校も近年、グローバリゼーションの波を受け、外国人留学生や帰国子女の姿が珍しくなくなったほか、指導教員によっては全文を英語で書いて提出することを

認めるところもあるからである。

　具体的には、まず日本語にせよ、英語などの外国語にせよ、また、それがレポートにせよ、卒論にせよ、論文として書く以上は論理的であり、かつわかりやすくなければならないことはいうまでもない。このため、語学力がなければ話にならないわけであるが、だからといって、英語などの外国語が堪能でなければ絶対に困難か、というと決してそうとは言い切れない。

　要は、日本語のレポートや卒論などの文章をそのまま英語などの外国語に移し替えるのではなく、英語などを母国語とする国の文化や風土、習慣などを理解し、かつ頭の中で一度、英文などにする文章を英語的なセンスで切り替えたうえで書くことが大切である。

　たとえば、日本語のセンテンスは主語（Subject　Word）と述語（Predicate　Verb）が離れ、その間に形容詞（Adjective）などが入ってくるため、最後まで読んだり、聞かなければ相手が何をいいたいのかがわからないが、英語の場合、基本的には結論を先に書き、理由はそのあとで説明することになっている。このため、英語でレポートや卒論を書く場合もこのような約束事を思い出し、しかも、短い文（Sentence）で書くことがポイントとなる。

● **英語で書くときのポイント**

　まず、本文（body）の題目（title）が「……について」といった場合はダブルクォーテーションマーク（" "）を使って「"On……"」、また、「……の研究」といった場合は「"A　Study　of……"」、あるいは「"A　Study　of……"」を省略し、「……」と書いてもよい。副題（subtitle）をつける場合はさらに続けてコロン（：……）、または「〜……〜」と書く。

　次に句読点であるが、センテンスの終わりの句点はピリオド（.）、

図表2－4　英語によるレポートの様式

> Ⅰ．Introduction　　　　　（序論）
>
> Ⅱ．The main subject　　　（本論）
>
> Ⅲ．Data and Sample　　　（資料・サンプル）
>
> Ⅳ．Conclusion　　　　　　（結論）
>
> Ⅴ．References　　　　　　（参考文献）

　途中で切る読点はカンマ（,）をそれぞれ打つのは常識だが、文章の間に他人の論文の一部を引用する場合、その引用箇所にダブルクォーテーションマーク（" "）を打つ。

　ちなみに、英語のレポートは図表2－4のような様式にもとづいて執筆すれば問題はない。英語で書く卒論については、「Step 4」の「その5　卒業論文の書き方」（☞172頁）のなかで後述したい。

●図表、文献の表示方法

　英語で図表を書く際は「図表1、2、3……」とせず、「Table 1、2、3……」とする（例2－17）。

　このほか、参考文献（References）を巻末に表記する場合、日本語による表記と同様、（編・共）著者名、発行年、著書名、発行都市、発行所（出版社）名の順に表記するのが伝統的な方法だが、著書名はイタリック体、または正体に下線で示す。アラビア数字やローマ数字はそのまま書き写す（例2－18）。翻訳書の場合、原著者名、翻訳者名、著書名、発行所、発行年の順に書く。

例 2 −17　英語による図表の書き方

Table 1. Trends in Household Composition among Elderly Aged 65 or Older

Year	Household Composition (Percent Distribution)				
	Lives Alone	Lives w/ Spouse Only	Lives with Children	Other Composition	Total Percent
Survey of Income and Expenditures					
1976	8.8		83.7	7.5	100
1980	12.8		81.6	5.6	100
1985	17.3		78.3	4.4	100
Elderly surveys					
1989	10.2	12.6	70.7	6.6	100
1996	9.6	16.1	69.0	5.2	100
2003	11.2	20.0	59.6	9.3	100.0

図表のナンバーはTable…とする。

例 2 −18　英語による参考文献の書き方

References

Barclay, G. W. 1954. *Colonial Development and Population in Taiwan.*
　　　編著者名　　発行年　　　　　　　著書名

　　　Princeton : Princeton University Press.
　　　　発行都市　　　発行所（出版社）名

Biddlecom, A., N. Chayovan, and M. B. Ofstedal.2002. "Intergenerational support and transfers," in A. I. Hermalin (ed.), *The Well-Being of the Elderly in Asia:A Four-Country Comparative Study.* Ann Arbor: University of Michigan Press, pp. 185 − 229.

Bongaarts, J. 2001."Fertility and reproductive preferences in post-transitional societies," supplement to *Population and Development Review* 27 : 260 − 281.

いずれにしても、このようにして書き上げた英語のレポートや論文も、日本人の書いた英文と英語を母国語とするネイティブの外国人の書いた英文とは微妙に異なるため、翻訳ソフトを使って書けば事足りるなどと達観せず、できれば日本語に精通したネイティブの外国人にチェックしてもらう。それにより日本人と英語圏の人々との文化や風土、習慣の違いを改めて学び、はじめて英語でレポートや卒論を書くことができる。

（9）パソコンを使って書く場合

●レイアウトにも気を配る

　パソコンでレポートや卒論を書く場合で気を配りたいのがレイアウトである。もっとも、これについても上述した手書きの場合と基本的には同じ作業だが、パソコンを利用する場合、プリントアウトしたときのイメージが「印刷プレビュー」であらかじめ確認できるため、そのツールを活用し、見た目にもよい印象を与え、少しでも評価を高めるようにしたい。そのポイントは文字や図表の大きさや配列、色合いに尽きる。

　具体的には、文字や図表の場合、A4サイズの用紙1枚に文字のサイズを10.5ポイントにしたうえ、1行当たり32字×25行に書式設定して打っていけば200～400字詰め原稿用紙2～4枚分に相当するため、全体のレポートや卒論の文字数や枚数がカウントしやすくなる。また、この10.5ポイントの文字のサイズは本文、あるいは本文中に挿入する図表の文字や記号、数字のサイズとしてもごく一般的なものでもある。

　もっとも、他の文献や図表をダウンロードしてプリントアウトしたものの、10.5ポイントの文字のサイズ以下の場合、プリントアウトし

た文献や資料をコピー機で拡大コピーし、必要な部分だけを切り貼りにしたのち、さらにそれをコピーして提出すればそれで十分である。学生のなかにはそれではいけないと思ってか、引用したい文献や資料の本文や図表をパソコンで打ち直して提出する者もいるが、そこまで苦労して行う必要はない。

　ただ、パソコンの場合、本文への「挿入」や本文の一部の「削除」「コピー」「切り貼り」、あるいは文章の「中央揃え」や「左揃え」「右揃え」、さらには「ページ表示」などさまざまなツールがあるため、これらの機能をフルに使って紙面のレイアウトを整え、納得のいくレポートや卒論としたい。要は、全体としてのバランスに十分注意して書くことである。

　最後にその色合いだが、これについては本文はともかく、本文中の図表については版面の濃淡や色合いを重んじ、さまざまな工夫を凝らす学生がいるが、書籍の本文として執筆するならいざ知らず、レポートや卒論の場合はそこまで凝る必要はない。そのようなことにまで時間と神経を費やす余裕があるのなら、その分、本文の点検や推敲に費やし、レポートや卒論の評価を少しでも上げるよう、課題や題目に対する視点の適否や先行研究の検証、設定した仮説に対する論証などに力を入れるべきである。

● 「保存」も忘れずに

　なお、入力した文章は必ずパソコンに保存するのはもとより、フラッシュメモリー（記憶装置：USBなどのメモリーカード）などにもバックアップとして保存し、万一のトラブルのときに備えたい。

　具体的には、「名前を付けて保存」をクリックするが、途中で文章を追加したり、削除したり、入れ替えたりした場合、そのつど「上書き保存」するなど、こまめに操作をしたい。このように常日ごろから

慎重に対処していれば、入力中、万一、停電になったり、何かのはずみでパソコンのケーブル（電気コード）が外れたり、あるいはフラッシュメモリーを紛失したりしても大事に至らずに済む。

その2

IT・インターネットを使った情報収集法

　周知のように、インターネットはパソコンやスマホを購入し、プロバイダー（接続業者）に入会手続きをしてユーザーIDとパスワードをもらえば、自宅にいながらにして世界に張りめぐらされた無数のウェブサイトにアクセスし、いつでも自由に必要な情報を収集できる。そればかりか、自分の持っている情報も発信することができるため、必要な最新の情報を集めたり、互いに情報交換することができ、レポートや卒論を書く際の強力な武器となる。

　そこで、このインターネットの活用法として情報収集の方法を説明する。

（1）図書館のデータベース

● **大学や地元の図書館をチェック**

　まず、在籍する大学や短大、専門学校の図書館や地元の公共図書館のオンライン・ディスクによるデータベースを活用し、収蔵されている図書や報告書、「研究紀要」、卒論、CD-ROMなどの文献や資料、また、教授の著書や研究論文などの有無を検索する。そして、これから書こうとしているレポート、あるいは卒論の参考になりそうな先行研究があったら図書館の職員にそのむねを申し出て、図書などの貸し出しやコピーサービスを受けたい。

　また、これらの図書館のなかには国立国会図書館や近隣の大学の図書館などとオンラインで結び、ダイレクトにこれらの図書館にアクセスし、収蔵する図書などの貸し出しやコピーサービスの利用が可能な

場合もある。このため、そのような便宜が図られているかどうかも確認したい。

　一方、検索窓に日本図書館協会のURL（https://www.jla.or.jp/）を入力後、ホームページ（HP）を開いて「図書館リンク集」にアクセスし、国立国会図書館はもとより、全国の主要図書館のウェブサイトを検索してもよい。

●その他のウェブサイトもフル活用

　このほか、ゼミの指導教員のなかには筆者のように個人のホームページを開設し、他大学の研究者や関係機関と相互リンクをしている場合もある。そこで、指導教員が自分のホームページをウェブサイトに公開しているのかどうか、尋ねてもよい。

（2）国立国会図書館のウェブサイト

　さて、大学や地元の図書館以外のホームページで、自宅で図書や論文、報告書、雑誌、新聞などの文献や資料を探す場合、国立国会図書館（http://www.ndl.go.jp/）のウェブサイトも大いに利用したい。国立国会図書館は日本で唯一の国立の図書館で、日本中の資料を収集・保存し、さまざまな形で提供しており、かつ専門書も豊富に揃っている。

　これを利用するためには、まずトップページの上部左側の検索窓に書名等を入力し、お目当ての図書や論文などがあるかどうか、チェックする。「検索結果」が現れ、これらのいずれかの図書をクリックすれば「書誌詳細表示」として書誌情報が表示される（例2－19）。

　以上のような要領で利用すれば、国立国会図書館のウェブサイトも強力な"助っ人"になる。

例2−19　国立国会図書館のトップページ

図書名、著者名、論文名などはここに入力する。

出典：国立国会図書館ホームページ：http://www.ndl.go.jp/　2018年7月13日検索

● 「利用者登録」をして資料を閲覧する

　国立国会図書館は、満18歳以上の人ならだれでも来館して利用することができるが、書庫の資料を閲覧するには「利用者登録」をする必要がある。来館が難しい場合、一部の資料は公共図書館や大学図書館に取り寄せて閲覧することも可能である。また、国立国会図書館がデジタル化した資料や収集したオンライン資料は電子情報サービスとして利用することもできる。くわしくは本サイトの「利用者登録」を参照してほしい。

（3）その他の使えるウェブサイト

　また、国立情報学研究所（https://www.nii.ac.jp/）や日本書籍出版協会（http://www.jbpa.or.jp/）、世界最大の和・洋書のオンライン書店、アマゾン（https://www.amazon.co.jp/）も、各種文

献や資料、書籍を探すという点では強い味方になる。とりわけ、アマゾンの場合、出版社や新聞社が発行している書籍と同様、インターネットで書籍の注文が簡単に素早くできるのが特徴である。

　一方、アメリカ国立衛生研究所の無料データベースのPubMed（https://www.nih.gov/）では社会福祉関係の論文などの文献が検索できる。もっとも、当然のことながら全文が英語である。

（4）検索エンジンの活用

　最後は検索エンジンを活用し、市販されている書籍や新聞、雑誌、学会誌などを探す方法で、これには次の二つがある。

●アドレスを入力して検索

　まず一つはドメイン検索の活用で、検索したいウェブサイトのアドレス（URL）があらかじめわかっている場合、自分のパソコンにそれぞれのホームページのアドレスを入力して検索する。

　具体的には、たとえば厚生労働省（https://www.mhlw.go.jp/index.html）をはじめ、ワムネット（WAM NET＝http://www.wam.go.jp/content/wamnet/pcpub/top/）、全国社会福祉協議会（全社協＝https://www.shakyo.or.jp/）の「福祉の本」、日本新聞協会（http://www.pressnet.or.jp/）の「メディアリンク」、日本社会福祉学会（http://www.jssw.jp/）などのウェブサイトである。

　これらのウェブサイトにはいずれも「関連リンク」が貼られており、関連のホームページにアクセスすることができるため、大いに活用したい（図表2－5）。

Step 2　執筆の約束事とインターネットの活用

図表2−5　活用できる主要ウェブサイト一覧

厚生労働省 https://www.mhlw.go.jp/index.html	厚生労働省のあらましや各種の白書・法令、統計情報などをくわしく見ることができる。
総務省 http://www.soumu.go.jp/	「統計情報」のメニューからは、国が実施する統計調査の所在案内（公表予定、問い合わせ先等）や統計データの検索を行うことができる。
日本年金機構 http://www.nenkin.go.jp/	厚生年金、国民年金に関する情報がわかりやすく掲載されている。
文部科学省 http://www.mext.go.jp/	文部科学省の主な政策の情報を見ることができる。 学校教育や社会教育などの施策に関する情報の検索は、「生涯学習」などのキーワードを入力し、検索することが可能である。
経済産業省 http://www.meti.go.jp/	「福祉」をキーワードに検索すると、主に福祉機器についての情報が得られる。なかでも家電リサイクル法のリンクが充実している。
国土交通省 http://www.mlit.go.jp/	福祉に関わる情報を各メニューの中から直接見つけるのは難しいため、福祉・障がい者・高齢者などをキーワードに検索するとよい。なお、輸送や住宅、土木などに関わる福祉の問題への行政の対応などを知ることができる。
内閣府 http://www.cao.go.jp/	高齢社会対策やNPO法人関連、障がい者施策の情報を見ることができる。
全国官報販売協同組合 http://www.gov-book.or.jp/	最新のニュースのほか、新刊書籍案内と30000件に及ぶ政府刊行物等の検索ができる。官報の目次検索、また、「インターネット版官報」の配信も行っている。
厚生労働統計協会 http://www.hws-kyokai.or.jp/	厚生統計情報に関する刊行物案内や各種情報の発信のほか、一部のデータをダウンロードすることができる。

長寿社会開発センター http://www.nenrin.or.jp/	高齢者の生きがい健康づくりに関する情報誌、生きがいに関する研究報告、イベントなどを紹介している。センター発行の雑誌のバックナンバーや長寿社会に関する調査報告書の検索もできる。
WAM NET http://www.wam.go.jp/content/wamnet/pcpub/top/	独立行政法人福祉医療機構のホームページで、厚生労働省の情報や福祉・医療情報、介護保険の事業者情報、制度の解説などの情報量が充実している。
日本統計協会 https://www.jstat.or.jp/	国勢調査や日本の人口問題、労働力調査報告、家計調査年報、社会生活基本調査報告など各種統計に関する情報が掲載されている。
国立社会保障・人口問題研究所 http://www.ipss.go.jp/	世界の現在の人口推計を見ることもできる。データの種類、リンクも非常に多く、実用的である。
日本社会福祉学会 http://www.jssw.jp/	「論文・目次検索」では機関誌『社会福祉学』のバックナンバーの総目次の検索を行うことができる。それだけに、福祉を教育・研究したり、援助活動を行っている関係者には必見のホームページである。
日本地域福祉学会 http://www.jracd.jp/	「機関誌・雑誌等」で、地域福祉に関する重要な文献や資料を収集できる。
日本在宅医学会 http://www.zaitakuigakkai.org/	「学会情報」などを見ることができる。また、冊子『日本在宅医学会雑誌』をPDFファイルでダウンロードして読むこともできる。医学情報関連のリンク集もある。
国立国会図書館 http://www.ndl.go.jp/	蔵書の検索や各種のサービス案内を知ることができる。 「来館される方へ」では、アクセスや館内地図はもとより、障がいのある人へのサービス支援として、車いすの貸出、カウンター業務での筆談対応、拡大読書器の設置、点字資料の案内などの情報を得ることができる。また、電子図書館のサービスを見ることもできる。

日本図書館協会 https://www.jla.or.jp/	日本図書館協会の入会案内や主催行事の詳細を知ることができる。また、「JLA出版物」では、日本図書館協会の出版物などが紹介されており、参考文献を知ることができる。
全国社会福祉協議会 https://www.shakyo.or.jp/	「福祉の本」から全社協出版の本が注文できる。また、「福祉のお仕事」からは全国の福祉の求人情報の閲覧ができる。都道府県社協のリンクも充実している。
アマゾン https://www.amazon.co.jp/	世界最大のオンラインの書店。洋書の場合、「http://www.amazon.com/」で探す。
朝日新聞 https://www.asahi.com/ 毎日新聞 https://mainichi.jp/ 読売新聞 http://www.yomiuri.co.jp/ 産経新聞 https://www.sankei.com/ 日本経済新聞 https://www.nikkei.com/ 東京新聞 http://www.tokyo-np.co.jp/	いずれも日本の新聞を代表するホームページで、福祉に関する記事も多い。
国際連合(UN)広報センター http://www.unic.or.jp/	国連の組織や理事会、ニュースなどを英語、中国語などで紹介している。

出典：川村匡由編著『すぐ役立つ福祉のホームページ〔改訂版〕』ミネルヴァ書房、2002年より作成

● **キーワードを入力して検索**

　もう一つは「詳細検索」の活用である。開きたいホームページのアドレスがわからない場合、検索したいキーワード、たとえば、「ノーマライゼーション」や「地域福祉計画」「ホームヘルプサービス」など社会福祉の概念や施策、サービス名、あるいは『月刊福祉』や『福

祉新聞』「中央法規出版」「日本社会福祉学会」などのように特定の書籍、発行所（出版社）名や新聞、雑誌、学会誌名などを日本語で入力して検索する。

　検索エンジンは「Yahoo！（ヤフー）」や「goo（グー）」「Google（グーグル）」などが代表的である。

● **目的のウェブサイトに速くたどり着くには**
　いずれにしても、これらの検索エンジンのトップページにある検索窓にキーワードを入れ、目的の書籍や論文などの文献や資料を探せばよい。もっとも、いずれの検索エンジンかを問わず、検索したいと思う書籍や新聞、雑誌、学会誌の発行所名、研究論文名、あるいは論（筆）者名がわかればそれだけ速く当該のウェブサイトに行き着くため、何を検索したいか、あらかじめ十分精査して臨みたい。

　なお、このような「詳細検索」のほか、上述した検索エンジンのトップページに紹介されている基本画面のいずれかをクリックし、現れた画面のなかでさらにキーワードを絞り込んでいったり、関係機関ごとのウェブサイトのドメイン名、たとえば、政府の場合は「go.jp」、地方自治体の場合は「lg.jp」、大学の場合は「ac.jp」、社会福祉法人は「or.jp」などのように検索窓に入力するなどして文献や資料を探すことも一考である（図表2－6）。ちなみに、前者をカテゴリー検索、後者をドメイン名検索といっている。

　なお、このドメイン名は国別の「ccTLD」と特定の国に限定されない「gTLD」に大別されており、「jp」はJapanのjp、すなわち、日本を意味する国別のドメイン名である。これに対し、国別でない「gTLD」のドメイン名では商業組織用の「com」、ネットワーク事業者用の「net」が知られている（図表2－6）。

●海外のウェブサイトの訪問法

また、海外のウェブサイトを訪れる場合、トップページにある海外の国名をクリックして検索する。このうち、「Yahoo」「LYCOS」「excite」「OCN」などの検索エンジンは英語やフランス語、ドイツ語、中国語、韓国（朝鮮）語を日本語に翻訳してくれるが、あくまでも機械的な翻訳のため、その精度はイマイチであることに注意したい。

図表2－6　ドメインの例

国別（ccTLD）

ac.jp	大学　大学等関係機関
co.jp	会社
go.jp	政府機関　独立行政法人
or.jp	財団・社団・医療各法人・NGO　協同組合　国際機関　在日公館
ne.jp	ネットワークサービス組織
gr.jp	個人事業者　小規模任意団体
ed.jp	小・中・高校　保育所　専修・各種学校
lg.jp	地方自治体

国別外（gTLD）

com	商業組織
net	ネットワーク事業者
org	非営利団体
biz	ビジネス
info	一般
edu	高等教育機関
int	国際機関

（5）ネットサーフィンとウェブサイトの引用

●ネットサーフィンの場合

　次に、ネットサーフィンをする際の注意点である。

　具体的には、最初に開いたウェブサイトの「リンク」をクリック後、新たなウェブサイトの「リンク」へ、さらに別のウェブサイトの「リンク」へと順に訪ねればよいが、重要と思ったウェブサイトは「お気に入り」に保存し、ネットサーフィンをすることによって失う時間を節約したい。今後、何回となく検索しそうなウェブサイトも、当然、「お気に入り」に登録したい。

●ウェブサイトの場合

　一方、前述したような方法で、インターネット上のデータを自分のレポートや卒論に取り込むためには、当該の論文や図表などをコピーし、自分のパソコンに貼り付ける、またはファイル名を付けて適当なフォルダをつくり、保存するのが一般的である。

　そして、引用する場合はそのウェブサイト名とページ名、アドレス、さらにはアクセスした日付を明らかにし、出典として明記するこ

例2－20　ウェブサイトの引用の際の出典名の表記法

日本の外務省
　　http://www.mofa.go.jp/mofaj/area/china/data.html
　　2018年6月15日検索
スイス政府観光局
　　https://www.myswitzerland.com/ja/home.html　2018年6月15日検索

→ 検索した日付も明記する。

とはとても大切である（例 2 −20）。もし、このような当たり前のことを怠ったり、無視したりすれば流用や盗用とみなされ、著作権法違反となるだけでなく、研究論文としての評価もゼロになってしまうため、十分注意したい。

Step 3

福祉のレポートの書き方

その1 各種レポートの対応法

　一口にレポートといっても、授業中や定期試験期間中に行われる試験レポートもあれば、授業時間外で一定の期限までに提出する提出レポート、およびゼミの報告レポートもある。

　これらのレポートは授業中や前期末、後期末のとき、それまでの講義を通じ、指導教員が強調してきた内容の理解度と学生の意見や主張、提言を問うものである。また、いずれのレポートでも試験である以上、一定の課題に対する解答、または報告という形式であることが要求されるだけでなく、履修科目についての単位の取得とも直接関わってくる（図表3−1）。

（1）試験レポートの場合

●**まず論点の把握や講義の整理をしてレジュメを**

　まず試験レポートの場合であるが、これについては今までの講義の

図表3−1 レポートの種類

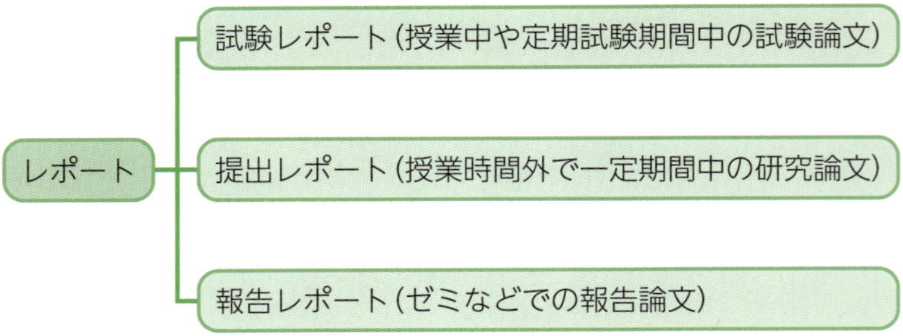

- レポート
  - 試験レポート（授業中や定期試験期間中の試験論文）
  - 提出レポート（授業時間外で一定期間中の研究論文）
  - 報告レポート（ゼミなどでの報告論文）

内容を十分理解したうえ、出題された課題に示されているねらいを的確に把握し、講義で示されたいくつかの論点との関連を明らかにしつつ、具体的な検討を行って自分の意見や主張、提言を述べることが要求される。このため、あらかじめ試験の範囲に関し、これまで指導教員が講義のなかで話した内容を整理することが必要である。

具体的には、四つの方法がある（図表3－2）。

① 講義ノートや教科書などで重要と思われる記述や表現などには蛍光ペンなどでマーカーをしたり、印をつけておく。
② 重要と思われる記述や表現などは別紙に抜き書きしておく。
③ 別紙に課題のねらいやその論点を抜き書きし、これらと関連する記述や表現などを書き留めておく。
④ 課題のねらいやその論点について、講義ノートや教科書などを参考にし、自分なりの模範的な答案を書いておく。

このうち、①は下線やマーカーの部分だけに目が奪われがちなため、それ以外の部分に対する検討が手薄になりやすい。これに対し、②も①と同様、抜き書きされた部分だけに目が奪われがちなため、それ以外の部分に対する検討が手薄になりやすい。③は、②の方法よりも時間がかかるが、それだけ内容の整理のうえではベターである。

図表3－2　試験レポート前の対策

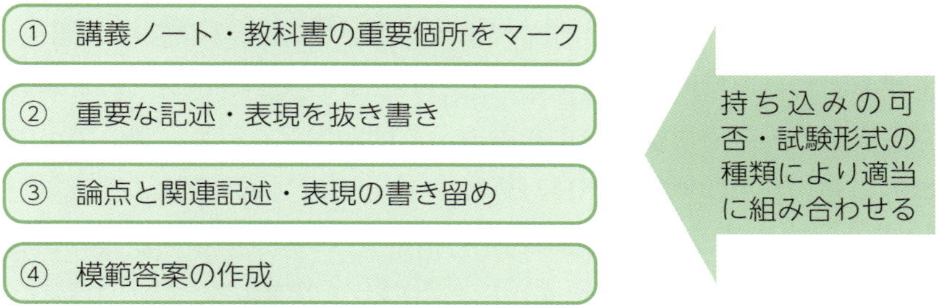

① 講義ノート・教科書の重要個所をマーク
② 重要な記述・表現を抜き書き
③ 論点と関連記述・表現の書き留め
④ 模範答案の作成

⇦ 持ち込みの可否・試験形式の種類により適当に組み合わせる

最後の④は、③よりもさらに完全な方法で、いったん答案をつくってしまえばそれを記憶するだけで済む。このため、この方法は指導教員が事前に試験問題の具体的な内容を公示したり、試験に際して教科書などの持ち込みを認めたりする場合、効果的である。もっとも、答案を作成していた論点が課題として直接出されなかったり、いくつかの論点がまとまって課題として出されたり、あるいは事例問題が出されたりした場合、応用が利きづらいという弱点もある。

　したがって、いずれの方法がベストであるかは一概にいえない。このため、試験場に講義ノートや教科書などの持ち込みが許されるか、あるいは試験がどのような形式によって行われるかにより、①〜④を適当に組み合わせたりして選択するのが無難である。

●すぐに書き始めるのではなく、整理の時間を

　次に、試験本番に際してであるが、試験場で課題が示されてもすぐに書き始めるのではなく、まずは全体の時間の配分を考え、最初に課題のねらいや論点の把握、これまでの講義内容の整理、学説や事例の整理のために時間を充てる。

　たとえば、400字詰め原稿用紙2〜4枚（計800〜1600字）のレポートで時間が60分という場合、20分あれば十分書くことができるため、前述した時間を20分程度充てる。それを前提にしてレジュメを作成し、アウトライン（全体像）を描く（図表3−3）。

　たとえば、「〇〇について述べよ」などというような課題の場合、まずそのねらいは何かを考えるとともに、その論点を把握し、これまでの講義の内容や学説、事例を整理して問題提起を行う。そして、基本的には「Who（だれが）」「When（いつ）」「Where（どこで）」「What（何を）」「Why（なぜ）」「How（どのようにしたか）」、いわゆる「5W1H」（図表3−4）にもとづき、実際に考えた内容につ

Step 3 福祉のレポートの書き方

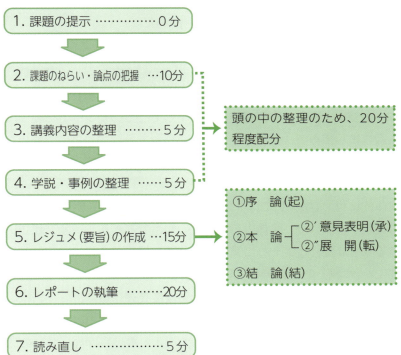

図表3－3 試験レポートの時間配分例（60分の場合）

1. 課題の提示 …………… 0分
2. 課題のねらい・論点の把握 …10分
3. 講義内容の整理 ……… 5分
4. 学説・事例の整理 …… 5分
5. レジュメ（要旨）の作成 …15分
6. レポートの執筆 ………20分
7. 読み直し …………… 5分

頭の中の整理のため、20分程度配分

①序　論（起）
②本　論 ┬ ②′意見表明（承）
　　　　 └ ②″展　開（転）
③結　論（結）

図表3－4　5W1Hの原則

Who	だれが（対象者）
When	いつ（日時・期間）
Where	どこで（場所）
What	何を（問題点・行為）
Why	なぜ（目的・理由）
How	どのように（方法）

いてできるだけ深く掘り下げる。ちなみに、この「5W1H」は新聞記事を書く場合、鉄則となっている。

● **序論・本論・結論の順に書く**

　このように課題についてさまざまな視点から考えながらメモを取っていき、自分なりに一番鋭い意見や主張、提言を「結論」にし、順序立ててレジュメを作って再構成する。そして、このレジュメに従って箇条書きにしてみる。そのうえで、与えられた課題のねらいや論点を理解し、かつそれに必要な材料を収集し、構想を練って「序論・本論・結論」の順に従って書く（図表3－5）。

　具体的には、「序論」では課題のねらいやその論点を明らかにして問題提起する部分で、全体の10％程度の割合で述べる。課題文がついている場合は要約し、それに関連する問題を提起する。

　次に、「本論」では自分の立場を明示し、課題のねらいやその論点を正しく把握する。ここでは全体の20％程度を述べる。

　しかし、だからといって、ここであまり書きすぎてもよくない。なぜなら、レポートの全体のなかで最も力を入れなければならないのは次の展開の部分にあるからである。

　さて、その展開の部分では「序論」で書いたことをさらにくわしく書き込み、本論に関わる概念や原因・背景、歴史的経過、現状、課題について言及する。この部分はできれば全体の50％程度を充てたい。

　そして、最後の「結論」で、文章全体をもう一度整理し、自分の意見や主張、提言を述べて結びとする。このため、ここでは努力目標を示すような締めの文などは不要である。ちなみに、書く分量としては全体の20％程度である。

　字数については、通常、特段の断りでもない限り、句読点（。、）やカギカッコ（「　」）、改行によって生じた余白も含まれる。また、レ

図表 3 − 5 試験レポートの基本構成と文字量

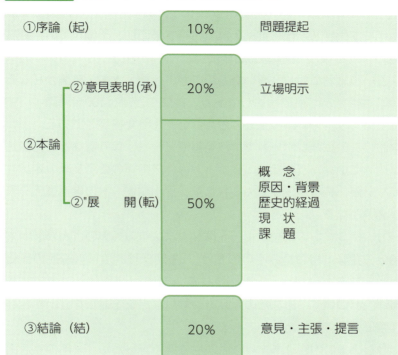

ポートは所定の解答用紙の最低でも全体の3分の2以上書かないと減点、または零点となる。

　実際にレポートを書く場合、これに自分のボランティアや実習、視察などの体験や具体例を加えて書けば完璧であるが、念のため、論旨の展開は間違っていないか、また、誤字や脱字などはないかなどについて、最後の5分を使ってチェックしたい。

● **試験レポートの実例**

　例3-1の試験レポートは、S高校3年のK・G君が2000（平成12）年にJ大学法学部に推薦入試で合格する直前、予備校での模擬試験場で与えられた、「国連50周年に当たり、そのあり方について述べよ」という課題に対し、書いたものだが、序論・本論・結論からなる三段階法にもとづいて論述しており、成績の評価は100点満点中、90点以上の「S」で、高校生とは思えない"光った答案"である。

　なお、この試験レポートでは教科書やノート、参考書などの持ち込みは認めていなかったため、レポートの作成の際の参考文献の表記は必要ないが、持ち込みが認められたり、提出レポートの場合はその表記が必要となる。

　一方、例3-2の試験レポートはR大学2年のK・Oさんが前期末の60分の授業で持ち込み不可のもと、「生活保護制度は『国民の最終的なセーフティーネット』といわれているが、『最終的』であるとされる理由について、あなたの考え方や意見などを記述しなさい」という課題について書いたものである。

　しかし、その内容はあまりにも淡白である。しかも、一部の生活保護の不正請求をとらえ、年々増大している社会保障給付費を少しでも削減したいとのねらいも透けてみえることを指摘しておらず、1年生レベルといわざるを得ない。

　ちなみに、この成績の評価は100点満点中、60〜69点の「C」である。

（2）提出レポートの場合

● **時間はあるが、十分な用意が必要**

　提出レポートの場合も、指導教員から一定の字数で課題が与えられ

Step 3 福祉のレポートの書き方

例3−1 「S」評価の試験レポート

発足50周年を迎えた国連のあり方

S高校3年
K・G

　国際連合は50年前、第二次世界大戦で各国が経験した悲劇を二度と繰り返すことのないよう、発足した。第一次世界大戦後に同じ目的で発足した国際連盟の失敗がその背景にあったことはいうまでもない。

　その反省を生かして、国連は今まで、強力に世界平和の実現のための政策を推進してきたといえる。しかし、現在の国連は国際社会に対し、強い影響力を持つ大国の利益ばかりを優先してはいないだろうか。

　確かに、国連が世界平和のために果たしてきた役割を見過ごすことはできない。日本でも参加すべきか否か、世論を二つに分けたカンボジアへのPKOの自衛隊の派遣も、それなりの成果をあげることには成功した。当時のカンボジアには、平和を維持する力はなかったからだ。しかし、だからといって国連は何もかもが機能しているというわけではない。

　例えば、ガリ氏の事務総長再任の問題がある。アメリカがガリ氏の再任に対し、拒否権を行使したことである。アメリカは、その理由としてガリ氏の「国連改革」に対する消極的な態度を挙げているが、他の国々ではむしろ、ガリ氏を評価する声の方が大きい。アメリカが反対する理由は、政府が議会との協調を図るためといわれている。つまり、一国の国内問題を国連にまで広げていることになる。アメリカのこのような態度は稚拙としかいいようがなく、常任理事国としての自らの地位を見失っている。国連が、大国によって振り回されているこのような事態は許されないのではないだろうか。

　したがって、発足50周年を迎えた国連が今後、すべきことは世界平和の実現という使命を思い出し、それに向けてさらなる努力をすることである。その意味でも、ガリ氏の行ってきた、国連職員の削減を始めとする諸改革を止めるべきではない。また、国連が徴税権を持ったり、国連軍を常設することなども検討に値することであろう。

序論
世界平和への国連の意義を認める。

意見表明
国連の現状における大国主義的な弊害について問題提起。

本論

展開
国連の役割を評価、意見表明し、自らの立場を明示している。また、近年の実情を紹介し、大国に振り回されている現状と今後の課題に言及。

結論
国連発足後50周年を歓迎するものの、世界平和への実現のため、国連がさらに努力すべきことを提言し、まとめている。

例3−2 「C」評価の試験レポート

生活保護制度が「国民の最終的なセーフティーネット」といわれている理由

R大学2年
K・O

　生活保護制度が「国民の最終的なセーフティーネット」といわれているのは、その原理の一つである「保護の補足性の原理」によるものであると私は考える。 —— 序論

　この保護の補足性の原理とは、あくまで生活保護は不足分を補うものであって、最初から利用を視野に入れることはほとんどの場合においてできない、ということである。逆に言うならば、他の制度や法律などを利用しても、最低限の生活の基準に届かなかった場合、初めて利用することが可能な制度ということである。こうした救貧的な考え方が最終的なセーフティーネットと言われる要因の一つだと考えることができる。

　また、生活保護制度の条文に含まれる「資産及び能力の活用を前提」という部分が、最終的なセーフティーネットと言われる要因の一つではないかと考えている。こちらも、働けるだけ働き、売れるものは売るなどして、それでも足りなかった分を補足するという考え方である。すべてを失って足りなかった分を補うシステムは、確かに「最終的」なものであると言えるであろう。

　しかし、今の、そしてこれからの生活保護制度は「セーフティーネット」と言えることになるのであろうか。最低生活を保障してくれるのであろうか。 —— 本論

　これからの「国民の最終的なセーフティーネット」としての生活保護制度としては、国や地方自治体での財政的な問題などいろいろな問題もあるので、私はセーフティーネットという意味が危ぶまれているように思える。 —— 結論

たらその課題に対する方向づけ、整理を行わなければならない。

ただし、試験レポートの場合、授業中や限られた試験時間内で答案の作成が要求されるのに対し、提出レポートの場合、自宅や学校の図書館で作成することができるため、比較的時間に余裕があるところに違いがある。

もっとも、だからといって、学生にとって提出レポートの方が有利かというと、決してそうとは言い切れない。なぜなら、提出レポートの場合、それまでの講義の内容に対する理解だけでなく、その後の参考文献の検索などを通じ、自分の意見や主張、提言を述べるほか、報告としてより完成度の高い内容のものを要求されるからである。

このため、試験レポートにせよ、提出レポートにせよ、学期末や学年末の定期試験である限り、いずれも十分な対応が必要である。

● **まずは講義内容、学説・事例を整理してレジュメを作成**

具体的には、まず指導教員のそれまでの講義の内容がどのようなものであったか、自分なりに整理することが大切である。この場合、すべての授業に出席していることが前提になるが、病気や不慮の事故、災害、その他やむを得ない理由によって欠席していた日があれば、欠席した日にどのような講義が行われたのか、あらかじめ友人に聞いておく。それも、間近に迫ってからではなく、できるだけ早い時期に聞いておく。それが不可能であるなら、指導教員にそのむね理由を告げ、内容を直接尋ねることになる。

このようにして講義内容を整理したうえ、学説や事例の整理を行う。そのうえで課題に対する研究テーマを設定し、「序論・本論・結論」の順に従ったレジュメを作成する。そして、このレジュメに従って執筆した草稿を推敲する。最後に、もう一度推敲して清書し、完成させることになる（図表3－6）。

具体的な日にちの配分例としては、講義ノートや教科書、参考書、資料などを精読し、講義内容や学説・事例の整理をするのに5日、これらの参考資料の調査や分析をして研究テーマを設定するのに1日、レポートのレジュメの作成、および草稿の推敲に各1日、下書きと清書に5日、そして、読み直しに1日の計14日、2週間程度を充てるべきである。

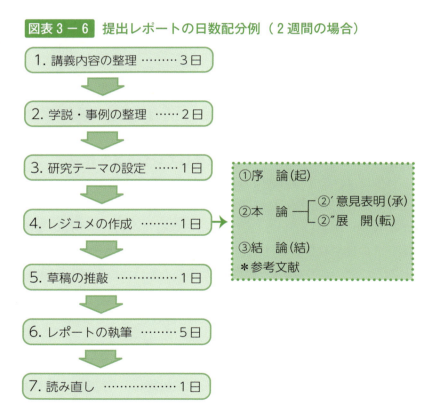

図表3−6 提出レポートの日数配分例（2週間の場合）

1. 講義内容の整理 ……… 3日
2. 学説・事例の整理 …… 2日
3. 研究テーマの設定 …… 1日
4. レジュメの作成 ……… 1日
5. 草稿の推敲 …………… 1日
6. レポートの執筆 ……… 5日
7. 読み直し ……………… 1日

①序　論(起)
②本　論 ─┬─②′意見表明(承)
　　　　　└─②″展　開(転)
③結　論(結)
＊参考文献

●序論・本論・結論の順に書く

　提出レポートの内容も、試験レポートと同様、「序論・本論・結論」という三段階法によって書く（図表3−7）。

　このうち、「序論」では研究の目的について触れ、あらかじめ読み手に説明することを提示することである。すなわち、課題の選択や設定の動機、その論文の目的、範囲、研究の方法や手順などを紹介する。分量的には10％程度を割り当てて書く。

　これに対し、「本論」の意見表明では研究の方法について説明し、自分の研究の視点を明らかにする。そのうえで、その課題に関わる研究の結果として、概念や原因・背景、歴史的経過、現状、課題を述べ、展開とする。この部分では50％程度書き込む。

　具体的には、前述した「序論」の内容と矛盾しないよう、必要な論旨を展開し、かつ先行研究の論文などを引用しながら例証したり、説明したりする。

図表3−7　提出レポートの基本構成

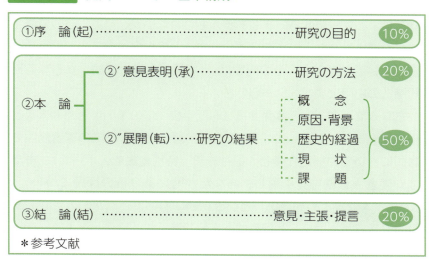

ただし、これについて一部に学問的な独創性に欠けるなどといった意見も聞かれるかもしれないが、若い学生にそのような学問的な独創性などを求めるには無理がある。このため、前述したように先行研究の論文を的確に引用し、自分なりの結論として導いていくことは決して恥ずかしいことではない。そして、最後に全体の要約をするとともに、自分の意見や主張を述べ、今後の方策のあり方を提言して帰結し、「結論」とする。

　要は、「本論」を簡単に繰り返してまとめとするわけで、ここへきて新たな課題が出てきたり、筋違いの「結論」となれば問題である。このため、ここでは「序論」に示された研究の目的や方法、結果がきちんと結実しなければならない。

● 構成は文量に応じて

　なお、試験レポートのように文量が比較的少ない場合、いちいち「序論・本論・結論」などと順序立てて書かなくても構わない。また、人によっては「序論・本論・結論」の代わりに、「起・承・転・結」などによって執筆する向きもあるかもしれないが、卒論、まして修士論文や博士論文ならいざ知らず、レポートの場合、そこまで考える必要はない。なぜなら、その内実は、「序論・本論・結論」からなる三段階法の応用にすぎないからである。

　ちなみに、例3－3は介護福祉専門学校1年のT・N君が老人福祉論の提出レポートとして、「あなたが実習した第一段階の実習施設を念頭において、指定介護老人福祉施設（特別養護老人ホーム）、または介護老人保健施設に関し、あなたが考える今後の課題について、800字以内でまとめなさい」という課題について述べたものだが、文章の書き方がレポートとしては不十分である。

　しかし、利用者の自立支援も図るべき介助の理念がまだ十分に理解

Step 3　福祉のレポートの書き方

例3-3　「B」評価の提出レポート

第一段階の実習を終えて

E介護福祉専門学校
1年　T・N

　今回の実習で、私の考えていた特別養護老人ホームでのケアと実際の現場でのケアは、だいぶ違うということがわかりました。私が考えていた施設ケアは、利用者さんを尊重して行われていると思っていましたが、実際は施設の時間に合わせて利用者さんの介助が行われており、正直、ショックを受けました。

　例えば、トイレ誘導の際に「行きたくない」と言っている利用者さんに対して「今のうちに行っておかないと、次に行く時までに時間があるから」と言って連れて行き、腹圧をかけて出している姿を見た時に、私は「行きたい」と利用者さんが言った時に介助をしてあげればいいのではないかと思いました。確かに利用者さん一人ひとりにそんなに時間をかけるわけにいかないと思いますが、利用者全員がいっせいに行きたいと言うわけではないので、行きたい人から順番に行くことにすれば何の問題もないと思います。食事介助の時も、介助をしなくてはならない人に関しては、食事の楽しみというよりも施設側の時間や都合に合わせて介助していました。おかゆ食ときざみ食の利用者さんがいて、別々に食べさせる介助が普通だと私は考えていたのですが、おかゆにきざみのおかずを入れて、混ぜてまとめて食べさせていました。自分の主張ができない利用者さんなので文句を言うことはありませんが、もしも私がこの方の立場だったらと考えると切なくて、私は混ぜないで介助をしました。そうしたら施設の方に「おかゆだけだと味がしないから、混ぜた方があげやすいよ」と言われ、複雑な気持ちになりました。私は介助の時は利用者さんの立場に立って物事を考えていろいろな介助を行いたいと思います。

　すべての施設でこうした介助が行われているわけではありません。なぜこの施設では、利用者本位の支援を行うことができないのか、どうしたら行えるのかを、今後の実習で考えていきたいと思います。

- 話し言葉で書かない。
- 「である調」で書く。以下、同。
- 改行する。
- 話し言葉は避ける。
- 実習施設の課題について言及していることは評価できる。

されていない実習施設の課題について言及していることは評価できるため、成績の評価は100点満点中、70〜79点の「B」となる。

また、例3-4は、M大学1年のN・Hさんが1年次の基礎ゼミの際、作成した提出レポートのレジュメと草稿であるが、序論、本論、結論の順に整理して自分の残された課題や今後の抱負にまで言及しており、高く評価される。このため、成績の評価は100点満点中、80〜89点の「A」だが、限りなく、90〜100点の「S」に近いものである。

いずれにしても、同じ論文とはいっても、提出レポートの場合、後述する卒論などのような大論文を求められるものではない。その意味で、その内実は小論文というべきである。

Step 3 福祉のレポートの書き方

例3－4① 「A」評価の提出レポートのレジュメ

中国の経済と少子高齢化

社会福祉学科
1学年　D　12345
N・H

1．研究動機
「基礎演習」という授業の中で、世界の少子化について班で調べたのがきっかけである。また、その時私は中国の少子化について調べたのだが、現在の飛躍的な発展、古くからの歴史にとても興味を持ったからである。

2．研究方法
本、インターネットを活用した。

3．結果
- 都市部と農村部の経済的な貧富の差が激しい。
- 「一人っ子政策」により、経済成長を遂げている。
- 社会福祉制度に対する認識や政策がいきわたらないため、家族や隣人などによる私的扶養に頼っているのが現状である。
- "闇っ子"の増加や農村の労働力不足、人口の高齢化、子どもの貴族化、扶養制度のゆらぎなど、さまざまな問題を抱えている。

4．結論・考察
- 経済も同時に発展しているという特性を生かし、他の先進国とは異なるアプローチが可能といえる。
- 昔ながらの私的扶助などを社会福祉の制度に取り入れ、ボランティアやさらなる社会保障の充実を進めていくことが必要であると考える。

例3−4② 「A」評価の提出レポート

中国の経済と少子高齢化

社会福祉学科
1学年　D　12345
N・H

1．序論

レジュメにもとづき、「基礎演習」という授業のなかで世界の少子化について班で調べたことをきっかけに、その発展や歴史、現代の課題について本やインターネットを活用し、考察することにした。

> 本提出レポートの研究の自己決定の動機、目的、方法について書く。

2．本論

（1）歴史と国情

中国（中華人民共和国）は、今日、急激な経済発展を遂げている。しかし、経済成長の影に隠れて少子高齢化など重大な問題を抱えている。中国は4千年の歴史があり、文化、伝統を通し、様々な国との国際交流を行ってきた国でもある。広大な大地の上で多様な文化が創られ、現在の経済の大進展に至っている。

この中国は中国本土と台湾島の二つに分かれている。首都は北京である。総面積は約958㎢で、世界の陸地の総面積の7％に相当し、日本の総面積の約27倍に相当している（図Ⅰ）。ロシア、北朝鮮、モンゴルなどが近隣の国である（図Ⅱ）。

> 北京と台湾島の位置を図示したい。

図Ⅰ　中華人民共和国

図Ⅱ　日本と中国の比較

	中　　国	日　　本
面　　積	約958万k㎡	約37万k㎡
人　　口	約13億人（2003年）	約1億2千万人（2003年）
平　均　寿　命	男:69.63　女:73.33(2000年)	男:78.32　女:85.23(2002年)
合計特殊出生率	1.88（2000年）	1.29（2003年）
高　齢　化　率	7.0％（2000年）	17.3％（2002年）

出典：川村匡由編著『国際社会福祉論』ミネルヴァ書房、2004年。参考

→「2004年を参考に作成」とする。

　気候は多種多様で、乾燥気候、温帯気候、寒帯気候と、四季の変化に富んでいる。民族は人口の大半を占める漢族（92％）をはじめ、チュワン、回、ウイグルなど合わせて50余りの少数民族からなる多民族国家である。宗教は日本と同じで自由だが、布教は禁じられている。

　しかし、中国では古来より、仏教、道教、儒教が三大宗教として親しまれてきた。特に中国の各王朝は「儒教の精神」を元に人民を統治してきた。今日でも「儒教の精神」は中国の社会福祉の基盤となっていると思われる。

　また、中国は古くから日本との交流も盛んで、日本は中国から仏教、漢字、政治の制度とたくさんのことを学んできた。しかしながら、日本は中国を侵略しようとし、また、植民地とした。図Ⅲの略史に書いてある他にも、日本は数々の侵略をしてきた。中国の近代の歴史は独立と全国統一の戦争の歴史といっても過言ではないのではないだろうか。

　政治体制は、政権政党である中国共産党の指導のもと、人民共和制をとっている。

図Ⅲ　中国の略史

1911	辛亥革命
1912	中華民国成立
1914	第一次世界大戦
1919	五・四運動　中国国民党結成
1921	中国共産党結成
1931	満州事変
1939	第二次世界大戦
1946	国共内戦激化
1949	中華人民共和国成立

『詳解　日本史B　改訂版』を参考

→発行所（出版社）名、発行年を明記する。

2003年3月に開催された第10回期全国人民代表大会の第1回会議において、国家主席に胡錦濤、総理に温家宝、全人代常務委員長に呉邦国がそれぞれ選出された。昨年11月の党大会では、2020年までにGDPを2000年の4倍増しにするとの新目標を設定しており、選出された新たな指導体制の下でも経済発展を最優先課題として取り組んでいる。

ところで、中国経済は1978年に改革開放政策を実施してから高度成長を続けてきた。1979年から1998年の間にGDPの年平均成長率は9.7％に達した。また、中国経済は1997年のアジア金融危機による深刻な影響を受け、経済成長の速度が低下する傾向を見せながらも、他の国や地域に比べれば、依然として比較的高い成長率を保っている。ちなみに、2001年は7.3％となっている。就職率も2003年で70％に達し、日本の56％をしのぐものとなっている。この発展の中、2008年北京オリンピック開催という上昇機運に乗り、消費の拡大や経済成長を続けるだろう。北京、上海などの大都市では生活が裕福になっている。

（2）貧富の格差と少子高齢化

その一方、農村部には1日当たり1ドルの収入に満たない貧困者が全体の10％、日本の人口と同じくらいいるともいわれている。このため、都市部と農村部の落差が激しく、社会福祉制度に対する認識や政策がいきわたらないのが現状である。**（図Ⅳ）**

図Ⅳ　中国国内の貧富の差

・都市部地域でも持つ者と持たざる者の格差が拡大する方向（耐久消費財普及状況）

	洗濯機	冷蔵庫	カラーテレビ	カメラ	エアコン	携帯電話	パソコン
最低所得者層	79.87	59.48	92.86	20.48	9.76	1.48	1.76
最高所得者層	99.07	89.81	130.13	57.34	43.63	16.65	12.04
平　均	91.44	77.74	111.57	38.11	24.48	7.14	5.91

（注）　99年末の都市家庭百戸当たりの耐久消費財保有台数
出典：「中国統計年鑑」2000年版により作成

新中国が成立した1946年、中国の人口は約5億人だった。伝統的に「小農経済＝家族を生産単位」とする経済体制の長い中国では「多子多福」などの倫理観念が強い。そのうえ、上述したように中国は戦争が多かったため、戦争に勝つために「人海戦術」を当時の最高指導者である毛沢東が考え出し、多産を奨励したため、人口は増加していった。70年代末には10億人に達し[1]、政府は「人口増加は経済発展の阻害をする」と考え、1980年から「一人っ子政策」が実施された。この時点で「一人っ子政策」という名の法律があったわけではなく、国の原則に従って各省が政策を定めるという形で実施された。この結果、徐々に「一人っ子政策」の成果により中国の少子化が進んで、現在に至ったといえる。

　しかし、「一人っ子政策」はあくまで都市戸籍を持っている人を対象としているため、農村部の人口肥大化が問題となっている。現実は党の指導員などが農村部に出かけ、子どもを作らないように指導しているようだが、農村部でまかないきれなくなった労働者が都市に流入している。その他、「黒孩子」と呼ばれる"闇っ子"たちは戸籍がないため、教育や医療などの行政サービスが受けられていない子どもたちがいることや、「一人っ子政策」を守らせるため、下記のような制度や罰則があり、それを守るため、親が子どもを殺してしまったりする事件が多発してしまった。

　ここでいう制度や罰則を例に挙げると、上海市では一人っ子家庭の優遇措置として「子どもが16歳になるまでの保健費支給」や「高校までの学費の免除」を制度化した。第二子を産んだ場合の罰則として、「出産費・産休期間の賃金不払い」、年収の数倍ともいわれる「社会扶養費」を事実上の罰金として支払う、社宅に追いやられる、弁護士資格の剥奪、などが課せられた。近年、都市部では晩婚が進み、単に「一人っ子政策」だけで少子化が進んだわけではなく、都市部での晩婚化、核家族化も少子化を進ませる原因だといえる。

1　『詳解 地理B 最新版』

発行所（出版社）名、発行年を明記する。

しかし、この「一人っ子政策」のおかげで、上述したような経済の発展を遂げているといえる。今日では急速な経済発展で西欧諸国との結びつきが深くなり、中国は欧米諸国からの人権上、問題があるとの批判に配慮し、強制的な出産制限や権力乱用の禁止を始めた。

　中国で最も深刻なのは高齢化である。高齢化は「一人っ子政策」だけでなく、医療、衛生の向上により死亡率の減少、平均寿命の延びで増加したといえる。日本の方が中国よりも平均寿命も高齢化率も上だが、中国の人口を考えると決して少ない数ではない。**（図Ⅴ）**

図Ⅴ　人口の比較

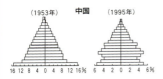

『詳解現代地図』二宮書店、2000年より

　近年、「五ヵ年計画」にもとづき、社会保障、社会福祉制度、養老保険や失業保険などの社会保険などが徐々に整備されるようになってきた。行政レベルごとに社会福利院、療養福院（療養施設）、敬老院が整備されている。しかし、家族や隣人などによる親族相扶および隣保相扶、いわゆる私的扶養に頼っているのが現状である。

3．結論

> 三段階法とする。

　この結果、中国の少子高齢化は「一人っ子政策」と経済発展により進行して、"闇っ子"の増加や農村の労働力不足、人口の高齢化、子どもの貴族化、扶養制度のゆらぎなど、さまざまな問題を抱えている。しかし、経済も同時に発展しているという特性を生かし、他の先進国とは異なるアプローチが可能といえる。多民族国家であるだけに、制度をまとめるのは大変かもしれないが、昔ながらの私的扶助などを社会福祉の制度に取り入れ、ボランティアやさらなる社会保障の充実を進めていくことが必要であると考える。それにより、少子高齢化による様々な問題を解決していく糸口になるのではないだろうか。

　私は中国に行ったことがないが、今回、中国について調べてみて中

国に行ってみたいと思った。文献などだけでなく、実際に中国に行って社会福祉の現状などを知りたい。そして、現状をしっかりと把握した上で、さらによい少子高齢化の対策を導き出していきたい。

参考文献

・川村匡由編著『国際社会福祉論』ミネルヴァ書房、2004年
・『詳解　日本史B　改訂版』三省堂、2003年
・西川潤『人口』岩波書店、1994年
・『詳解現代地図』二宮書店、2000年
・『詳説　地理B　最新版』二宮書店、2002年
・日本の外務省
　　http://www.mofa.go.jp/mofaj/area/china/data.html　2004年8月10日検索
・中国の経済
　　http://muratainc.com/review/y2004/vol49.html　2004年6月10日検索
・中国の情勢
　　http://news.searchina.ne.jp/2004/0411/national_0411_005.shtml　2004年12月10日検索

> ホームページ名も明記したい。

（3）報告レポートの場合

● ゼミの報告レポートの意義

　Step 1「福祉のレポート・卒業論文を書く前に」の「その4　レポートと卒業論文の違い」の「（4）レポート、論文とは」（☞28頁）で述べたように、ゼミの報告レポートとはゼミなどの内容に対する理解がどの程度かを問うため、その内容に関する特定の課題に対し、作成するものである。このため、ゼミの場合、学生の口頭発表とゼミ生との間における討議を二本柱として運営されるため、学生の自主性や積極性などが強く求められる。

　また、学生の側からすれば、ゼミは自分の主体性を発揮することができる場であり、ゼミの中心になるチャンスでもある。このため、自分の所属しているゼミの指導教員の指示に従い、仲間の報告の長所と短所に学びつつ、自分の個性をアピールしたい。

● 報告レポートの種類と対応

　具体的には、今までのゼミにおける討議や報告のための素材として要求されているのであれば、与えられた課題について具体的にどのような論点があるか、十分整理をする。そのうえで、そこから新たにどのような問題が生ずるか、自分の意見や主張を示しつつ、一定の提言を行うことが必要である。

　また、すでに行われたゼミにおける討議の内容を踏まえ、レポートを作成することを要求されているのであれば、討議の内容を十分整理したうえ、全体としての結論のほか、自分なりの補足意見を示すなどして要領よくまとめることになる。

　具体的には、①ゼミにおける討議にあたり、問題となっている課題について一般的な理解を与える一方、一定の問題提起を行うため、あ

図表3-8 ゼミ報告レポートの対応

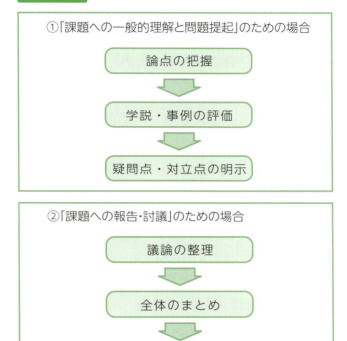

らかじめレポートを作成しておくことが必要な場合、②与えられた課題について報告を行い、それについて討議をする。そのうえで、その内容を踏まえたレポートの作成が必要な場合とに大別される（図表3-8）。

● 「課題への一般的理解と問題提起」のための場合

　このうち、①の場合、レポートの性格上、与えられた課題について具体的な論点を把握したうえ、どのような学説が唱えられているか、

また、関連する事例についてどのような評価を行ったらよいかなどを検討し、そこで示される疑問点や対立点などを順に明らかにし、のちに討議のための問題提起をしていくことになる。

しかし、与えられた課題についてどのようなねらいや論点があるか、把握することは、これらの論点がまだ授業のなかで示されていない場合もあるため、困難であるかもしれない。このため、まず課題を与えられた時点における指導教員の指示を頭に置き、参考書や論文などの参考文献を検索し、そのねらいや論点をあせらずに把握するよう、作業を進めていくことである。

また、レポートの作成の各段階に応じ、そのつど指導教員との間で討論を積み重ね、論点を十分整理することが必要である。このほか、のちの討議を前提としている以上、それぞれの論点について、できる限り自分の意見や主張、提言を明らかにする姿勢で臨みたい。

● 「課題への報告・討議」のための場合

一方、②の場合、①の場合と異なり、ゼミで与えられた課題について討議されたことを前提とし、レポートを作成することになるため、その作成に際し、論点についてどのような議論が行われたか、また、どのような点が一番問題になったか、明らかにする。

これについても、指導教員との討議などを通じて議論の整理を行い、全体としてのまとまりをつける必要がある。さらには、これらの議論を通じ、新たな問題点が示された場合、その点についても自分なりの意見や主張、提言を示しておくことが必要である。

● レジュメも序論・本論・結論の順で

ゼミを行う場合、通常、発表者が個人、またはグループで発表する内容を整理、要約したレジュメと参考文献の引用部分、目録、写真、

地図、パンフレットなどの参考資料をあらかじめコピーし、事前にゼミ生全員に配付しておく方法がとられる。この場合のレジュメについて、とくに決まった書式が定められているわけでない。

しかし、筆者は、学生が報告レポートを作成するうえで必要なポイントの把握という意味で、上述した「序論・本論・結論」にもとづき、研究の目的、研究の方法、研究の結果、個人的な意見や主張、提言、またはゼミ生の共同の意見、主張、提言の順で整理し、報告レポートを書くよう、指導している（図表3－9）。

たとえば、「ボランティアについて」と題する課題についでは、例3－5のように「1　概念」「2　理念」「3　意義」「4　歴史」「5　分野」「6　現状」「7　課題」「8　提言」といった具合に整理すれば立派なレジュメが出来上がる。

図表3－9 ゼミ報告レポートの基本構成

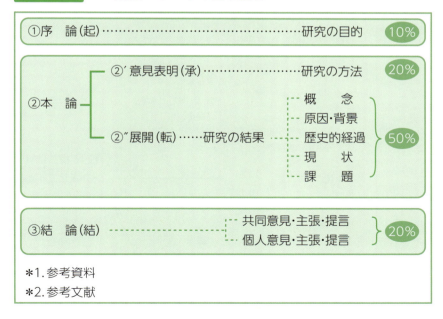

例3－5 ゼミ報告レポートのレジュメ例

国民・企業の意識高揚のためのボランティア教育の実践

1　概　　念　　志願者・有志者（→ボランティア活動・他人や社会に対する貢献活動）
2　理　　念　　①自発（自主）性、②無償（無給）性、③継続性、④社会（連帯）性、⑤福祉性
3　意　　義　　①日常生活圏の拡大
　　　　　　　②福祉社会・世界の創造
　　　　　　　③情報の共有
　　　　　　　④生涯学習の実践
　　　　　　　⑤人格の形成
4　歴　　史　　①慈善事業　前近代社会（宗教活動的）
　　　　　　　②社会事業　近代社会（治安維持的）
　　　　　　　③社会福祉　現代社会（人権保障的）
5　分　　野　　①行政委嘱型
　　　　　　　②民間自発型
　　　　　　　③その他
6　現　　状　　①活動者　　　主婦・高齢者・学生・勤労者・市民団体（NPO）・企業・労組
　　　　　　　②活動形態　　国内　行政委嘱型（例・民生・児童委員、里親）
　　　　　　　　　　　　　　　　　民間主導型－団体（例・老人クラブ会員）
　　　　　　　　　　　　　　　　　個人（例・点訳、義援金）
　　　　　　　　　　　　　　国外　実践報告（NGO活動）
7　課　　題　　①国民・企業の意識高揚
　　　　　　　②活動拠点の整備
　　　　　　　③情報提供と共有
　　　　　　　④税制優遇の拡大
　　　　　　　⑤行政の責任転嫁への警戒
8　提　　言　　①福祉教育の実践
　　　　　　　②ボランティアコーディネーターの養成・確保
　　　　　　　③ボランティア・市民活動センター等の活用
　　　　　　　④寄付金控除・損金扱いの拡大
　　　　　　　⑤社会保障制度の拡充と公私協働

> 全体を通し、箇条書きにするとともに、できるだけ図式化したい。

> 課題と提言はリンクさせてまとめる。

ただし、この場合で注意しなくてはならないのは、たとえば、例3－5の「国民・企業の意識高揚のためのボランティア教育の実践」などという場合、「7　課題」と「8　提言」をリンクさせるべく、課題の解決のため、福祉教育の実践やボランティアコーディネーターの養成・確保、ボランティア・市民活動センター等の活用、寄付金控除・損金扱いの拡大、社会保障制度と公私協働の提言というように、具体的に示すということである。

● **レジュメの書き方の注意点**
　一方、その書き方もゼミの科目や目的などによってさまざまであるが、一般的には次のような点に注意して書いた方が望ましいと思われる。
　具体的には、ゼミ生が口頭による発表を理解しやすいよう、その補助的な手段として作成すべきであるため、その発表の内容の骨格や要点を数字や記号を使って項目別に分けたり、図表にしたりして的確、かつ簡潔に表現することである。発表者はこれをもとに細部について口頭で説明し、補うことになる。この報告における態度は何よりもその内容について理解し、自分の言葉でわかりやすく説明することが必要である。
　ところで、しばしば口頭による発表内容を文字に置き換えただけのレジュメを見かけることもあるが、この場合はレポートであって、レジュメとはいえない。もとより、教科書や参考文献の一部を書き写したようなものも見かけるが、これではもはやレポートでも、レジュメでもなくなってしまうことに注意したい。
　一方、他のゼミ生はその発表を聞きながら、レジュメの余白やノートに必要な説明個所や自分の意見や主張、提言を書き込むことになる。その意味で、レジュメはレポートや卒論の目次に相当する性質を

有する。

　ゼミはこのように発表と質疑応答で行われるが、この場合、相手の人格を攻撃したり、否定したりせず、建設的なものにすべきである。まして沈黙のままであってはならない。共同報告の場合、特定のゼミ生だけに責任や負担が集中したりせず、あらかじめメンバー同士で調整し、司会やタイムキーパー、書記などの役割分担を決めておくことが必要である。もっとも、考察については必ずしも統一見解を図る必要はない。

　なお、ゼミで個人、またはグループで発表することをプレゼンテーションといっている。これに関連し、論理的な思考力や多角的な視点に立ったうえでの情報の整理、固定観念の払拭などに努めるべく、特定の課題について肯定派と否定派に分かれ、公開討論（対論）するディベートを行うことがある。このような場合で、後日、報告レポートが課せられても前述したレジュメを作成したのち、レポートを書く要領はまったく同様と考えてよい。

Step 3 福祉のレポートの書き方

その2 通信教育と実習レポートの対応法

(1) 通信教育の場合

● **問題点・疑問点を要領よくまとめる**

　ところで、通信教育におけるレポートの場合も、上述した通学課程の大学や短大、専門学校におけるレポートの場合とほぼ同様である。

　しかし、その指導はあらかじめ配付される教材による自習という形で行われるため、指定された教材を中心に、より主体的に学習計画を立て、実行していかなければならない。しかも、通信教育の場合、履修科目の単位は単位履修の受験資格を得た者につき、通信教育を行う大学や短大、専門学校が試験を通じ、その結果によって認定することになっている。

　そこで、スクーリング（面接授業）を受ける前に必ず教材を熟読し、自分なりに問題点や疑問点を押えておく。そして、スクーリングでは積極的に質問するほか、学友や指導教員と接触する機会を持つよう、努力する。

　また、通信教育では学習報告が重要なウエイトを占めるため、上述したような論点の把握の方法に徹するほか、限られたレポートの枚数のなかで自分なりに問題点や疑問点などを要領よくまとめて書く。

　とりわけ、事例問題にあっては、まず一般的な原則を述べたあと、それを具体的な問題にあてはめて考察するのが一般的だが、まずは具体的な問題を一つあげたあと、それを一般原則に発展させて考察する場合もある。このため、いずれがよいか、戸惑う向きもあるかもしれないが、ケースバイケースで対処するしか方法はないというのが実態

である。

　なお、科目や課程によってはスクーリングがなく、課題のレポートだけの場合もあるが、このような場合、提出するレポートの作成だけでなく、学習中の疑問や質問を指導教員が受けつけることが一般的なため、遠慮なく疑問や質問をしたい。

（2）実習レポートの場合

　福祉系大学や短大、専門学校生の場合、基本的には教育系大学、短大、専門学校生の教育実習と同様、相談援助実習やソーシャルワーク実習、精神保健福祉援助実習、医療ソーシャルワーク実習、介護実習、保育実習、高等学校福祉科教員教育実習、病院実習があり、これらの実習（現場実習・配属実習）を終えたら必ず実習レポートを書くことになる。

　そこで、ここではこの実習レポートの書き方を説明しよう。

●実習の前に実習計画書を書く

　実習レポートの場合、当然のことながら、レポートを書く前に実習があらかじめ行われていることが前提である。

　このため、まず実習担当の指導教員によって開かれる実習ガイダンスに参加し、その目的や方法、実習施設の種類や所在地、実習生への要望、費用などについての講義を受ける。そして、これらのガイダンスの内容を整理するとともに、関連する学説や事例を整理する。そのうえで、自分はなぜ、実習をするのか、その目的をまず明らかにする。なぜなら、学校で一般の講義形式によって学んだ社会福祉の理論を裏付けたり、その理論をさらに深め、自分なりに課題を整理するために欠かせないからである。

このあと、実習を希望する施設を 1～2 か所選び、そのむね指導教員に申告して実習先が決まるが、他の学生の希望もある場合、実習先を調整されることもある。このため、一般的には学生に実習先の希望票を提出させることになっている。

　いずれにしても、このように実習先が決定すると、いよいよ指導教員を通じ、実習先との間で実習のテーマや意義、具体的な達成課題と方法、実習の段階（日程）、事前学習の内容と方法について話し合い、実習計画書を作成することになる（図表 3－10）。

●実習日誌やケース記録を書く際の注意点

　実際の実習では、重要と思われることは実習ノートやメモ帳などを用意し、そのつど、几帳面にメモをするといった努力が必要である。このほか、事実と自分の主観を混同せず、必ずその理由を書くなどして客観的に記録するように心がける。万一、理由がわからない場合、その場で指導者に意見を聞くなどして判断する。

　また、個人のプライバシーは必ず守り、間違っても実名などを出したりすることのないよう、十分注意することはいうまでもない。もちろん、自分の独断と偏見によって実習先の援助や運営の方針や職員の人格などを一方的に批判したりせず、疑問点などはあらかじめ十分質すなど、広い視点に立って臨むことが大切である（図表 3－11）。

　ところで、学生が実習中に書かなければならないものとして、実習記録や実習日誌、ケース記録、さらには実習レポートに大別することができる。

　このうち、実習記録や実習日誌、ケース記録はその日一日で何を実習したのか、記録に残すものである。このため、単に一日の日程やその内容を記録する日記のようなものではなく、そこで自分は何を考えたか、また、そこから何を学んだか、それぞれ記録することが求めら

図表3−10　実習計画書例

　　　　　　　　　　　　　　　　大学　　学部　　学科　　年
　　　　　　　　　　　　学籍番号
　　　　　　　　　　　　氏　　名
　　　　　　　　　　　　指導教員　　　　　　　　　　　　　印

実習先
実習期間　　　年　月　日〜　月　日

1．実習のテーマ

2．実習の意義（動機・目的・分野の選択理由など）

3．具体的な達成課題と方法

4．実習の段階
　第1段階（第1週）
　第2段階（第2週）
　第3段階（第3週）
　第4段階（第4週）

5．事前学習の内容と方法

Step 3 福祉のレポートの書き方

図表3-11 実習レポートの対応

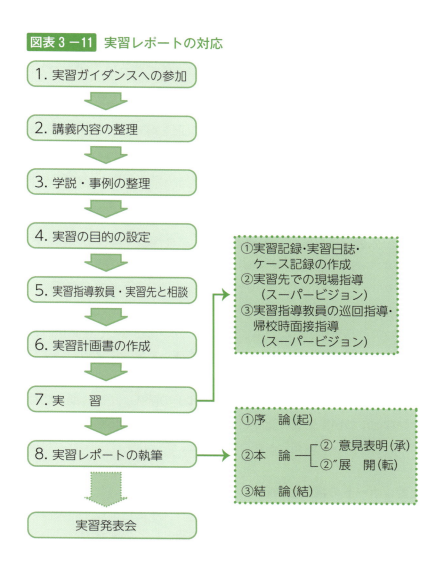

れる。さらには、毎日、実習記録や実習日誌、ケース記録を書き続けることにより、今後の学習課題を明確にし、かつ福祉の専門職に就くであろう将来の自分なりの指針としたい。

　そこで、実習記録や実習日誌、ケース記録はできれば毎日、実習先の実習指導者に見てもらい、適切な助言などを得て、日々、研究的な態度で実習に取り組むようにしたい。その意味で、実習記録や実習日誌、ケース記録は単に自分の実習の足跡を記録するのではなく、将来、立派な福祉の専門職として就業し、かつ自立するためのものとして活かすべきである。このため、実際の執筆にあたっては実習の日時から実習先の担当部署名、実習の目的、達成課題、実習の内容と成果、所見、指導者の助言などを明記する。

　ちなみに、例3-6は、E福祉専門学校1年、T・Kさんが指定介護老人福祉施設（特別養護老人ホーム）の実習で夜勤につき、介護職員の夜勤の業務を学ぶとともに、日勤との違いを比較し、卒業後、介護福祉士としての専門性を修得すべく、作成した実習日誌の一コマである。一見して、わずかな仮眠のなか、日勤と夜勤との介護職員の連携、夕食の介助、就寝のおむつ交換やカルテの記入、排泄介助、朝食の介助などについて克明に記録し、利用者（入所者）にしっかりと寄り添いながら学んでいることがうかがえる。

●実習レポートの構成と内容

　一方、実習レポートの場合もほぼ同様で、「序論」としての実習の意義と達成課題、「本論」のうち、意見表明としての実習の方法、展開としての実習先の概要、実習の段階（日程）、実習の内容、実習の達成課題の到達度、実習のまとめ、そして、「結論」としての反省と新たな課題、または意見や主張、提言を述べる（図表3-12）。

　なかでも「結論」では実習の意義やその達成課題、プログラムのね

Step 3 福祉のレポートの書き方

例3-6　E福祉専門学校1年、T・Kさんの介護実習日誌

実　習　日　誌

担当者　H

○月○日　○曜日（第18日目）	天候	実習時間	行事・特記事項
	晴れ	16：30～9：00	夜勤

学習目標
　夜勤業務を知る
　日中との違いを知る

時間	実習生の活動	学習内容
16：30	申し送り	〈連携〉
17：00	居室空間整える	・申し送り…個別に日中からの申し送り
	（カーテン閉める）	・準備…次の日の業務がスムーズに行えるようにする
	コミュニケーション	⇨チェックリスト作成、フォーメーションボード記入する
18：20	夕食食事介助	・全員を管理している排泄チェック表、食事チェック表から個人カルテに排泄状況、食事摂取状況を転記
	口腔ケア	
	トイレ誘導	⇨次の日の対応を書面に残す
19：20	排泄介助	
	居室へ移動	〈食事介助〉
	就寝	一人当たりの観察の視野を広く持つ
20：10	休けい	⇨職員の人数、利用者の方の人数を考慮する
20：40	起きている方就寝	
21：10	カルテ記入（食事）	〈就寝時〉
23：00	おむつ交換	Oさん…なかなか寝つけないためか、体調が悪いせいか、不調を訴えるコールが続く
23：30	カルテ記入（排泄）	
0：00	排泄介助用布づくり	⇨都度、違った方法や声かけを試み、満足を得られるような関わりの必要性を学ぶ
1：30	カルテ記入	
3：00	おむつ交換	Oさん…就寝後、数時間たつと、目が覚めてしまったらしく、声を出して訴える
4：00	仮眠	
5：30		⇨声かけや、空腹を満たすなどの方法で再度睡眠を促す
6：00	おむつ交換	
6：30	起床	⇨日中の傾眠の理由づけになるよう、起きていた時間などを申し送りする
7：50	朝食準備	
8：20	朝食食事介助	
		〈排泄ケア〉
		尿量により、パッドの数や位置を変える
		⇨おむつの交換時に起こしてしまわないよう、配慮する

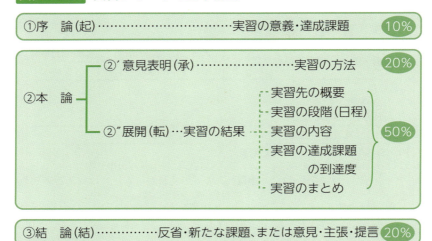

図表3-12 実習レポートの基本構成

らいがいかに具体化され、成果はどうであったか。また、利用者や職員、自分自身および実習の環境や社会資源の状況などのなかで気づいたこと、およびこれらの相互の関係について実習全体を振り返り、何を学んだか。また、何が疑問として残ったか。さらには補足的な感想や意見はないか、それぞれ記録に残す。しかも、この場合、実習の対象となった利用者個人の動きを断片的ではなく、時系列的にとらえ、かつ集団や職員、あるいは他の実習生との関わり合いのなかでとらえることが大切である。

● 体験を通じ、新たな課題を発見する

　なお、実習レポートには必ずしも決まった書式などがあるわけではないが、一般的には上述した実習計画書の内容と実際の実習についての点検、また、実習を通じての反省と新たな学習上の課題を提起する

ことが求められる。すなわち、実習を通じ、社会福祉における新たな課題を見いだし、かつ整理して実習レポートを作成する意義がある。

　ちなみに、例3－7はM大学3年のA・Kさんの実習レポートで、介護保険制度が深化されている昨今、市町村社会福祉協議会はどのような課題を抱えているか、考えるため、実習に臨んだ結果をまとめたものである。このなかで、A・Kさんは社協は今後も住民活動主体の原則を踏まえ、地域の組織化の必要性をも改めて強調しており、ほぼパーフェクトだが、最近、各地で地震などの災害が発生、被災者同士の絆づくりの必要性も問われているため、地域防災との関係に触れ、災害時の自助や互助のあり方にも言及すれば100点満点中、90～100点の「S」の評価になった。80～89点の「A」にとどまったのが惜しまれる。

例3−7 「A」評価の実習レポート

			3年　　012345　A・K
実習先	種	別	社会福祉協議会
	施設・機関名		N市社会福祉協議会
	実 習 期 間		7月1日〜9月13日

〈実習目標と達成状況〉

○**実習目標（テーマ）**

　社会福祉協議会が「地域福祉を推進する団体」として、地域のなかでどのような役割を果たしているのか、また、地域住民の福祉参加意識はどの程度なのかを理解し、地域の組織化のあり方を考えることを目標としました。　→ 社会福祉協議会の役割と住民との関係、および地域福祉の推進上の目標を見据えている。

　そこで、上記の目標を達成するために、4段階に分けて下記の実習計画を立てました。

・第1段階…N市社会福祉協議会の組織や事業を理解する。

・第2段階…N市社会福祉協議会で行っている事業・計画に直接参加する。また、社協が施設を運営する意味を考える。

・第3段階…イベントなどを通じ、社協が地域住民にどのように受け入れられているのか、観察する。また、住民のニーズを知るための事業に参加する。

・第4段階…実習を通し、実際に学んだ社会福祉協議会の事業、役割、地域の組織化のあり方についてまとめる。

→ 実習の期間を4段階に分け、ステップアップするよう、計画を立てている。

○**達成状況（実習成果）**

　私は、N市社会福祉協議会にあるすべての課で実習をさせていただくことができました。具体的には、総務課で2日間、H福祉作業所で5日間、Y地域包括支援センターで3日間、N市障害者福祉センターで5日間、地域福祉

Step 3 福祉のレポートの書き方

係・地域福祉課で5日間、地域福祉係・在宅福祉課で5日間の計25日間でした。

　第1段階の目標については、各実習先で事業説明をしていただくことに加え、実際に施設の中に入り、多くの分野に関わることで、N市社会福祉協議会の組織・事業について全体的に理解することができたと思います。特に自主財源の確保、世帯会員の増強は切実な課題ということを実感しました。

　第2段階の目標については、子育て支援事業の同行訪問等により、社協が行っている事業は地域の助け合いであり、それを支えているのが社協だということを学びました。

　また、地域ケア会議への参加により、社協はその存在価値を示すため、また、施設を運営する意義を見つけるためにも社協自身の方向性をしっかりと打ち出し、特色を出していかなければならない。まして合併したN市社会福祉協議会にとって、地域福祉活動計画は非常に大切なものであると改めて認識することができました。

　第3段階の目標に対しては、住民のニーズを知るというのは思っていたよりも簡単なことではなく、アンケートの回収率はよくないというのが現状です。地域包括ケアシステムとの連携により地域の組織化を確実に進めていくことで、普段から、互いの身守りや安否確認ができる体制づくりが必要だと思いました。

　第4段階の目標については、説明していただいた事業内容や体験したことを整理し、また、自分で会長像や自主財源づくりについて考えてみることで達成できたと思います。

〈実習で心に残った体験〉

　事務局だけではなく、作業所や地域包括支援センター、障害者福祉センターで実習することにより、直接、住民

> 掲げた第1～第4段階の実習の目標に向かい、その結果の到達の状況をきちんと整理しており、評価の高い内容である。

の方と触れ合うことができました。実習は、それぞれの施設に1週間、もしくはそれ以下というプログラムだったので、利用者と十分にコミュニケーションがとれるのか、受け入れてもらえるのかという不安がありました。

　しかし、短いなかでも高齢者の家での遠慮や、したいことができないもどかしさなどをお話してくださり、最後には「話を聞いてくれてありがとう」と言葉をかけてくださいました。色々な方のお話を聴くことにより高齢者の生活の現状、そして、障がい者・高齢者ともに、本人と家族との思いの違いがある、という問題などを理解できたと思います。

> だれへの配慮かが不明なので、ここではその具体的な人への言及をしたい。

　また、実習後に障害者福祉センターの文化祭のボランティアに行かせていただき、実習中にはただOTの訓練で行われていると認識していたものが素晴らしい作品となって発表されていました。地域の方にももっと参加していただき、障がいを持っていてもこんなこともできるのだということを見てもらい、身近に感じてほしいと思いました。

　また、福祉の仕事は、「してあげる」という感覚にいつの間にか陥ってしまう、という危険性を含んでいて、それは確実に言動や態度に表れてしまうため、職員は自分自身でコントロールしていかなければならないし、そういったことを防ぐためにもチームアプローチによって考え方を固めていくことが必要になる、ということを教えていただいたのが印象に残っています。当たり前のようなことだからこそ、自分でしっかりとした意識を持ってやらねばならないということを感じさせられました。

> 利用者を支援するため、関わっているソーシャルワーカーなど福祉、さらには保健・医療・介護の専門職とのチームアプローチの重要性を自覚したむね、表明している。

〈実習の考察と今後の課題〉

　N市社会福祉協議会では今、大変な変革期を迎えていました。

　まず、市から受けた委託事業が多いが、介護保険や障

Step 3　福祉のレポートの書き方

がい者制度などによって社協が事業をやる意味合いが薄れてきたため、社協本来の事業に力を注ぐべきではないかという問題があり、それを決定していくためにも、N市社会福祉協議会の方向性、特色を出していかなくてはならないという議論が行われていました。

　実習前、地域福祉とは規模が大きく、実際に計画を実現することが難しいというようなイメージがありました。しかし、社協のなかでは実際に地域福祉推進事業によって、多様化した住民の形態に合わせ、<u>小地域でのネットワークづくり</u>が着々と行われています。地域の人は1人ではありません。それぞれの特技を活かし、役割分担をすることで連携ができてきます。地域は1日で終わりではなく、毎日続くものです。イベントなどの一時的な繋がりではなく、住民の連携が日常のなかに浸透していき、そのなかで助け合いができるということが目標です。今はその過程に社協が入り、組織化を図っています。

　住民の組織化ができたら、また、次の目標を立てる。そして、質の向上を目指す。社協の事業は住民主体の原則にもとづき、地域の状況により事業を流動的に柔軟に行っていかなければならない、ということがみえてきました。

　25日間の実習で、たくさんのことを教えていただき、また、多くの体験をさせていただきました。これらの経験は確実に私の視野を広げ、色々なことを考えるきっかけとなると同時に、やる気を与えてくれました。

　最後になりますが、お忙しいなか、親切に指導してくださった職員の方々、そして、利用者の方に心から感謝します。本当にありがとうございました。

> 小学校、あるいは中学校通学区域を単位とした小地域福祉活動の手法を言及している。

> 今回の25日間にわたる実習を終え、福祉の専門職をめざすうえで自分の課題や目標、抱負を総括している。

> 結論のあと、実習先や実習で関わった人への謝意を述べており、パーフェクトに近い内容である。

（3）実習報告会の開き方と工夫

　ところで、大学や短大、専門学校によっては実習を終えてから実習報告会を行うところが一般的である。

　これは実習教育の体系化を図るため、実習事後指導、いわゆる振り返りとして位置づけられ、実習生が互いに自分の実習の意義や成果を披露し、かつ整理するとともに、それを通して得た新しい課題の解決に向け、出発点とするものである。また、新たに実習に臨む後輩の学生のため、その体験談の披露や実習を控えた不安の解消、さらには実習生としての問題意識の啓発などのため、その体験報告を行う場合もある。その意味で、できれば実習報告会ではさまざまな分野から実習生の報告を行い、広く意見交換するよう、創意工夫をすることが望まれる。

　具体的には、指導教員の助言のもとで、個人学習のほか、分野別、かつ同種の施設や機関ごとのグループ学習を行う。

　このうち、個人学習では個人の実習レポートの作成と指導教員による個別指導が中心となる。これに対し、グループ学習は個別の実習レポートをグループ内で相互に発表、討論し合い、全体の実習報告会に向け、グループとしての報告のための小冊子を作成し、その代表者を選ぶことになる。もちろん、物理的に可能であれば、すべての実習生が個人発表するのが理想的である。

　全体の実習報告会では、司会やタイムキーパー、書記をそれぞれ配置し、実施する。もっとも、学校によってはこのような全体の実習報告会をせず、たとえば、相談援助実習の場合、一般の講義形式の一つである相談援助、または実習事後指導に当たる相談援助現場実習指導などのなかで行うこともある。

　いずれにしても、このような場合、前述した実習計画書の作成や実

習に対する基本的な姿勢の確認、実習先の選択、利用者に対する接遇のあり方、実習記録や実習日誌、ケース記録、さらにはこれらの総括である実習レポートや実習報告書の作成、製本、公開、保存が課題となる。

◆

　以上、各種のレポートについて述べてきたが、最後にこれらのレポートの採点基準についてまとめておきたい。
　まず内容的に、①課題の意味を正確にとらえているか、②自分なりに課題を整理し、わかりやすい文章を書いているか、また、論理的な流れになっているか、③段落の切り方は的確か、④素材の選択は適切か、⑤誠実で積極的か、社会性や一般常識があるかなどを中心に行われる。
　また、形式的には、①誤字や脱字、略語などはないか、②漢字や送り仮名を正しく使っているか、③文法上の誤りはないか、④レポート用紙などの使い方に関し、書き出しの位置や句読点、文字スペースやマス目の使い方が正しいか、⑤文字は丁寧で読みやすいかなどを中心に、それぞれ五段階評価で評価を行うことになる。そのうえで、全体的な印象を踏まえ、形式については減点法、表現および学問的な独創性については加点法をそれぞれ採用し、総合評価することが一般的である（図表3-13）。
　そこで、学生にとって最も気になるのは具体的な総合評価、すなわち、成績の評価だが、上述したように、一般的には100点満点中、60点を基準に「90～100点」を「S」、「80～89点」を「A」、「70～79点」を「B」、「60～69点」を「C」、「59点以下」を「D」とし、「D」は不合格とする。また、これらの学生の割合は「S」は全学生の上位「5％」、「A」は同「6～20％」、「B」は同「21～50％」、「C」は同

図表3−13 レポートの採点基準と評価法

```
採点基準
┌─────────────────────────┬─────────────────────────┐
│ 内容的                  │ 形式的                  │
│ ① 課題の当否           │ ① 誤字・脱字・略語の有無│
│ ② 課題の整理・論理性の有無│ ② 漢字・送り仮名の適否 │
│ ③ 段落の構成の適否     │ ③ 文法上の誤解の有無   │
│ ④ 素材の選択の適否     │ ④ レポート用紙の使用法の当否│
│ ⑤ 誠実性・社会性・常識の有無│ ⑤ 文字の明確性の当否│
└─────────────────────────┴─────────────────────────┘
                    ↓
評価法  総合評価
        ① 全体の印象
        ② 形式上の減点
        ③ 表現・独創性上の加点
```

「51〜100％」で、「D」はごく一部の例外としている傾向だが、これもそれぞれの学校や指導教員によって異なる。さらに、評価そのものもこのような相対評価でなく、学生一人ひとりの評価を絶対視する絶対評価を優先する教員もある。

　いずれにしても、自己評価よりも低かった場合、指導教員にその採点基準や評価の結果の理由、今後の学習のあり方などを尋ね、助言を受けることも検討したい。教育に熱心な指導教員であれば拒絶するどころか、むしろ歓迎されると思われる。

　なお、今後の学習、さらには長い人生のなかで役立つこともあるため、作成したレポートや卒論などのデータは一つのUSBなどにアーカイブとしてまとめ、保存しておくことを心がけたい。

Step 3　福祉のレポートの書き方

「A」評価のレポート参考例

POINT
1. 介護保障制度には公的介護保険と民間介護保険の二つがあることを整理している。
2. 加入要件、被保険者資格、要介護認定、介護サービスの種類、居宅介護、施設介護の関係を整理している。
3. 要介護状態になっても住み慣れた自宅で介護を受けたいとの高齢者の基本的なニーズに対し、地域住民同士の助け合いも必要であり、地域福祉、さらには災害時での互助の必要性まで言及している。
4. ただし、各所に専門用語の不備や説明不足などがあり、推敲の不十分さは否めない。

介護保障のあり方

N大学3年
S・N

1　介護保障の意義と種類

　介護保障とは、要介護の高齢者などに対し、必要な施設サービスや訪問介護といった居宅サービスなどを提供し、その人の自立支援を図ることにあるが、一口に介護保険といっても公的介護保険と民間介護保険に大別され、保障の内容がそれぞれ異なる。

　このうち、公的介護保険は40歳以上の国民は自動的に加入することになり、介護保険料の支払い義務が伴う。加入している健康保険など被用者保険から保険料が徴収され、自ら手続きすることもなく、公的介護保険の被保険者となる。これが第二号被保険者である。もっとも、65歳になると第一号被保険者となり、自主納付となる。生活保護世帯などは医療保険の支払いが免除されることもある。

　一方、民間介護保険は公的介護保険のような中高年世代のみを対象

にしたものではなく、保険会社との契約により年齢に関係なく任意に加入し、公的介護保険の補完措置として加入することになる。

　この場合、要介護状態になる年齢は高齢者が圧倒的に多いと考えられるが、加入者が病気や交通事故などによって要介護状態になる可能性は絶対にないとは言い切れないため、公的と民間にそれぞれ介護保険を設け、広範囲な保障をしているのである。

2　公的介護保険の注意点

　では、どのような状態になったら介護保険を利用できるか。まず公的介護保険を利用するには各市町村の窓口に申請を行い、日常生活を送る上でどの程度の介護や支援が必要かを示す基準「要介護認定」を受けなければならない。その必要度に応じ、「要支援1～2」「要介護1～5」の7段階に認定される。一度受けた認定は原則12か月有効で、その後は改めて要介護認定を受け、更新することになる。

　留意点として、65歳以上の第一号被保険者は原因を問わず、要支援・要介護状態になったとき、公的介護保険のサービスを利用することが可能であるのに対し、40歳から64歳の第二号被保険者は末期がんや関節リウマチ等の特定疾病が原因で要支援・要介護状態になった場合に限り、介護サービスを受けることができる。つまり、特定疾病以外の理由が原因で要介護状態になっても公的介護保険のサービスは受けられない、ということである。

3　公的介護保険の内容

　さらに、介護サービスといった保障の内容にはどのようなものがあるかということであるが、公的介護保険は自己負担額1～3割の現物給

付である。また、要支援と認定された人はそれ以上の悪化を防ぐための予防支援として、予防給付を受けることができる。運動機能の向上や栄養改善、口腔機能向上などを予防支援に取り入れ、悪化防止に努めているのである。これに対し、要介護と認定された人は介護給付を受けることができるが、それには介護支援専門員が介護サービス計画、要支援の認定を受けた人は保健師等が介護予防サービス計画を作成する。

　なお、介護（予防）サービス計画は本人が作成することもできるが、その場合、介護支援専門員などのチェックを受けたい。

　ちなみに、介護サービスの種類には訪問介護、訪問看護、居宅療養などの訪問サービス、特別養護老人ホームなどの施設サービス、通所介護や通所リハビリテーションなどの通所サービス、車椅子など福祉用具の貸与、手すりの取り付け、段差の解消など住宅改修費の支給など介護環境を整えるサービスなどがある。このように公的介護保険は広範囲なサービスを提供しているため、経済的な負担を抱えている人でも介護に必要な費用の負担が軽減される社会保険である。

4　介護保障の課題

　さて、自宅でサービスを受ける点において居宅介護を初めから望んでいる場合は問題ないが、希望する施設に入所してサービスを受けることができないため、仕方なく訪問サービスや通所サービスなどの居宅介護を選択しているケースもある。介護保障は本来、だれでも住み慣れた地域で希望する介護サービスを自由に選択し、自己実現がかなえられるべきであり、このような状況が生まれていることが問題なのだ。

　現に、老人ホームなどの介護施設が少ないため、入所できないという状態に至り、居宅介護を余儀なくされ、それに苦しむ家族は少なくな

い。老人ホームなどの施設が少ないからこそ居宅介護サービスが必要になるという考えも大切だが、介護者が病気を患っていたり、仕事との両立が困難という理由で要介護者の面倒をみられず、施設に預けたい家族にとっては、深刻な問題であり、無理心中などの悲劇まで招いている。

　このような背景を受け、有料老人ホームやサービス付き高齢者向け住宅（サ高住）など、民間の介護施設が急増しているが、一部の富裕層を除いてますます入居しづらい状況になるのではないか、と懸念されてならない。そうなると、やはり居宅介護の拡充はさらに求められると考える。事実、高齢者の大半は要介護状態になっても住み慣れた自宅で介護を受け、人生をまっとうしたいと考えている傾向にある。

　また、施設に入所できる要件として、求められる要介護度を満たすことができず、入所できないケース、あるいは求められる要介護度を満たしていても施設側の募集定員を超過してしまうなどの理由で入所できないケースなど、待機要介護者の続出が目立っている現実がある。

　超高齢社会の日本において高齢者の増加傾向は依然変わらず、やはり老人ホームなど介護施設の増設、およびそれに伴う介護福祉士やホームヘルパー、介護支援専門員の人材が今以上に必要になると考える。同時に人口減少社会ともいわれている上で、今を生きる若者の人材は極めて重要であり、これからの社会を支えていく力、要素として介入していかなければならないと痛感した。

　介護保険は、万一、自分が要介護状態になって介護が必要になったときに備えるための大切な社会保険である。治療費の負担や、仕事や生活への支障など、介護者の身体的精神的負担を軽減するメリットが生まれ、日本国憲法で定めている生存権の一つとして国民の最低生活が保障されるものでなければならない。

5　考察

　なお、高齢者の介護保障を考えた場合、住環境や災害対策も把握しておくべきである。

　たとえば、居宅介護を受けている家庭に対し、近隣の住民の理解や把握があれば介護者の悩みや不安を住民同士で話し合い、認知症高齢者などの徘徊の見守りができたりする。また、住宅をバリアフリーに改修したり、要介護の高齢者などが買い物や病院への通所のため、外出できるよう、スロープを取り付け、段差を解消したりして住環境を拡充すべきである。このほか、最近建てられているマンションや戸建て住宅は地震や津波に強い設計や構造となっているが、長年住み続けている戸建て住宅やマンションにはこのような設計や構造に欠けている点が多いため、災害への備えもしなければならない。

　いずれにしても、「介護保障」単独で考えるのではなく、介護福祉、地域福祉、医療、保健、防災などの連携により国民の安心・安全を確保すべく、緊喫の課題となっているものと考える。

〈参考文献〉
1．川村匡由『介護保険再点検』ミネルヴァ書房、2014年
2．厚生労働省編『厚生労働白書（各年版）』

「B」評価のレポート参考例

POINT

1. 労働保険について雇用保険と労働者災害補償保険（労災保険）について整理し、具体的に述べている。
2. 雇用保険、労災保険とも目的、適用要件、課題の順で整理している。
3. 注記や参考文献の表記のメリハリをつけると、もっと評価は高くなるだろう。

労働保険の概要と課題

K大学3年
N・S

1　目的

　労働保険は雇用保険と労働者災害補償保険の総称である。そこで、この二つの保険の概要とその課題を順に述べる。

2　雇用保険

　雇用保険は、労働者の雇用の安定を図るとともに、万一、労働者が失業した場合、その生活を補償する一方、再就職の斡旋やそのための教育訓練などを通じ、失業の状態を一刻も早くなくすことを目的としている。ほとんどの労働者は被保険者となるが、被保険者の範囲と種類は雇用形態や年齢によって異なる。被保険者の要件に該当しない者はその対象とはならず、適用除外となる。

　雇用保険では、被保険者が失業状態になったときに失業等給付が行われる。この失業状態とは雇用保険法において次のように定義される。

　『被保険者が離職し、労働の意思及び能力を有するにもかかわらず、職業に就くことができない状態にあること』

この場合、離職、すなわち、退職は、解雇でも自己都合でも定年退職でも会社の倒産でも原因を問わない。離職している事実だけでよい。労働の意思とは働く意思のこと、また、能力とは現在備わっている労働能力のことで、本人が携わったことのない労働は含まない。このため、離職していても労働の意思がある、労働の能力がある、就職できないという要件が揃ったとき、はじめて失業の状態にあると認められる。近年の労働力調査は以下である。

図表1 完全失業率（季節調整値）の推移

・完全失業者…完全失業者数は208万人。前年同月に比べ25万人の減少。

・完全失業率…完全失業率（季節調整値）は3.1％。

出典：総務省統計局「労働力調査（基本集計）」をもとに作成

ちなみに、雇用保険は政府が管掌し、ごく一部の事業所を除き、全面適用となっている（労働者を雇用する事業は原則として強制的に適用される）。対象は、被保険者のうち、一定の要件を満たした者である。
　また、雇用保険事業は以下のようになっている。
1　労働者が失業してその所得の源泉を喪失した場合、労働者について雇用の継続が困難となる事由が生じた場合及び労働者が自ら職業に関する教育訓練を受けた場合、生活及び雇用の安定と就職の促進のため、失業等給付を支給
2　失業の予防、雇用状態の是正及び雇用機会の増大、労働者の能力の開発及び向上その他労働者の福祉の増進を図るための二事業を実施

雇用保険の今後の課題として、高年齢者雇用とその生活保障において、定年を迎えて退職した後、再就職を望む高齢者などの受け入れ枠の拡大、就業形態の多様化、保険の適用や給付についての見直しなどが必要となってくる。超高齢社会となっている今、高齢者の職業能力の再開発、職務再設計などの雇用対策に力を入れていくことが求められる。

3　労働者災害補償保険

　労働者災害補償保険（労災保険）は、労働者が業務上や通勤に関連し、災害を受けたときに補償や保護を行う社会保険である。この場合の災害とは労働者の業務と関連のある業務災害と通勤災害に大別される。いずれも災害が事故によるけがや職業病、通勤途中の交通事故などを指し、その災害が業務災害に当たるかどうかはその状況で判断される。その判断は被災労働者と災害との間に業務起因性や業務遂行性があるのかどうかによる。

Step 3　福祉のレポートの書き方

図表2　雇用保険制度の体系

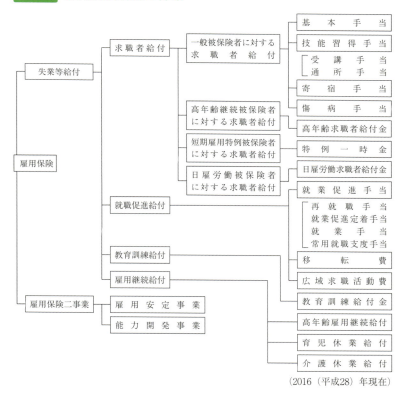

（2016（平成28）年現在）

※職業病…①業務上の負傷が原因で病気になった、②騒音がもとで難聴になった、③高気圧及び低気圧の場所で病気になった、④振動の激しい業務で手や腕に障害が出てきた、⑤長期間、粉じんを吸い、じん肺になった、⑥発がん性物質にさらされ、がんになった、⑦過労がもとで病気になったなど

※業務起因性…被災労働者の業務が原因でその災害が起こったこと
※業務遂行性…被災労働者が事業主の支配下でその災害が起こったこと

図表3 業務災害の認定のイメージ

　認定に不服のある者は3か月以内に労働者災害補償保険審査官へ審査請求を行う。この決定に不服のある者は2か月以内に労働保険審査会へ再審査請求を行う。さらに、その裁決に不服のある者は行政事件訴訟を提起することになる。

4　考察

　労災保険は政府が管掌し、ごく一部を除き、ほとんどの事業が強制加入となっている。給付は労災保険法で、保険関係の成立・消滅と保険料は労働保険料徴収法と二つの法律が関係し合っている。
　しかも労災保険は民間の保険と異なり、社会保険で強制加入であるため、保険に加入するか否かの選択の余地がない。それだけに、労働保険は日本国憲法が定める国民の「勤労の権利と義務」（第27条）および「納税の義務」（第30条）に関わる社会保障であるため、その整備・拡充によって国民の生活と雇用の安定、および国内経済の持続可能性を図るべきである。

〈参考文献〉
川村匡由編著『社会保障論（第5版）』ミネルヴァ書房、2005年
総務省統計局ホームページ：http://www.stat.go.jp/index.htm　2016年12月1日検索
厚生労働省ホームページ：http://www.mhlw.go.jp/　2016年12月11日検索

「B」評価のレポート参考例

POINT
1. 「基礎演習」の課題書を忠実に読んでいる。
2. 「序論・本論・結論」という三段階法にしているが、見出しがそのようになっていない。特に結論を「3 おすすめのアピール」としているが見出しは「結論」あるいは「考察」などとして結び、海外の社会福祉の沿革では近世についても言及し、国際比較をしたい。
3. 1年生で福祉を学び始めたばかりのため、乞うご期待といったところであろうか。その点を酌量しても採点は「B」であろう。

『社会福祉概論（第2版・シリーズ・21世紀の社会福祉2）』ミネルヴァ書房、2007年を読んで

A大学1年
Y・T

1　共著者

K・M，K・Y

2　内容

　第Ⅰ章から第Ⅸ章まであり、社会福祉の位置づけから始まる内容、組織、行財政など社会的側面を説明している前半の第Ⅰ章から第Ⅲ章。第Ⅳ章の高齢者福祉を皮切りに、障害者、児童、地域など実際に福祉を利用する者やニーズに合わせてどのようなサービス、提供、仕組みが行われているか、それについての課題や現状などがさらに説明されている。

　第Ⅸ章に、社会福祉援助技術で実際に福祉援助をする意義や技術の内容などこと細かく書かれており、例えば、援助者がどのような理念や価値観をもって社会福祉援助技術を用いるか、それによって援助の内

容、質などが全く異なってくるという点があり、一人ひとりの援助に対する意識や考え方が大きく援助に影響する場合があるということが書かれている。

3　おすすめのアピール

　第Ⅱ章の「社会福祉の沿革」のなかの海外の場合とわが国の場合を比較し、それぞれがどのような時代にどのような取り組みがなされているか、が述べられている。

　たとえば、海外の中世では封建社会などで貧困者が続出したが、近世に入ると、そのような人たちに対し、救済措置をする「エリザベス救貧法」が施行された。近代では世界恐慌や世界大戦などでさまざまな戦争を教訓に社会福祉の向上をめざしたが、高齢化や少子化により海外の酷な経済が圧迫し、制度自体を見直さなくてはならなくなった。これらのように中世、近世、近代におけるその時々の問題や課題が述べられており、平和や経済安定のための救済措置、セツルメント運動が行われ、激動の時代の変化がうかがえる。

　一方、国内では世界大戦前、恤救（じゅっきゅう）規則が制定されたほか、セツルメント運動も活発化し、隣保事業や慈善運動、さらには社会事業へと広がっていった。その後、戦後の新憲法の制定により、戦争国家から福祉国家へと転換し、国民皆年金・皆保険体制の確立や福祉六法の制定による社会保障および社会福祉の整備・拡充が図られ、現在に至っている。

　このように海外と国内では多少の共通点はあったものの、海外の方では問題をどう解決するか、国内では社会福祉の基盤ができたものの、少子高齢社会や人口減少、景気低迷に伴い、今後、どのような整備、対策をしていくかが課題となっていると感じた。

Step 4

福祉の卒業論文の書き方

その1 卒業論文の題目（テーマ）の選び方から提出まで

（1）卒業論文ガイダンスから発表まで

● **卒論は4年間の総決算**

　卒業論文（卒論）は一般的には卒業研究ともいわれる。それは自分で自由に選んだ題目（テーマ）に対する先行研究の検証を踏まえ、データ、または事実と推測、解釈、批判を区別し、かつ他人の見解と私見を区別して執筆し、発表することが大原則である。

　具体的には、自分で問題を設定して題目（テーマ）を絞り込み、仮説を立てたうえ、量的アプローチである調査研究、あるいは実験研究、または質的アプローチである文献研究、もしくは事例研究のいずれかの研究方法に絞り、必要な文献の収集（文献調査法）やアンケート（質問紙調査法）、インタビュー（面接調査法）、テスト（検査法）、観察（観察調査法）などさまざまな社会調査の手法を駆使し、論証することである。もちろん、指導教員の助言はあおぐものの、それは学生にとっては文字どおり、補助にすぎない。

　いずれにしても、卒論は4年間の学生生活の総決算として情熱を傾けて取り組むものである。

● **ガイダンスには必ず出席する**

　大学では毎年、2年次の後期、学生に対し、卒論に関するガイダンスが行われる。このガイダンスによって、学生からの指導教員に関する希望票の提出や面接などの結果を踏まえ、教員による専門委員会でゼミの所属が最終的に決められる。

なお、このガイダンスと相前後し、自分の研究領域に応じ、卒論の指導を受けることを希望したり、その教員の承諾を直接得たい場合、直訴することになる。そのためにも卒論の題目（テーマ）は早めに決め、あらかじめ希望する教員にそのむねを告げておくと、自分の希望する指導教員のゼミに配属される可能性が高くなる。とくに人気のある教員や専門分野が狭い教員を希望する場合、このような対応が必要である。

　卒論の題目届の提出は通常、4年次の4月、変更の申し出は6～9月、中間発表（報告）会は10～11月、提出は12月～翌年1月、査読と審査は1～2月、口述試験（面接試問）は2月、そして、卒論発表（報告）会は2～3月である（図表4－1）。

　このうち、題目届は「自分は何日までに、どのような題目（テーマ）で卒論を必ず出す」という、いわば学生から大学に提出する申告書である。このため、これを提出しなければ卒論を提出する意思がないということになる。また、変更を申し出た以上、題目（テーマ）の変更は認められないため、以後、一字でも違えば受理されないのが一般的である。

●中間発表（報告）会での振り返り

　また、中間発表（報告）会は自分が所属するゼミ単位、または学科単位で実施されるもので、時期的には夏季休暇明けの10～11月が多い。これは公開で行われ、卒論の指導に当たっている主査の教員のほか、他のゼミの指導教員、同級生、下級生、大学院生などが出席する。

　具体的には、中間発表（報告）会では学生はあらかじめ卒論の進捗状況と当面の問題点などを明示するレジュメを用意し、研究主題、構想、現段階での到達点、見通し、課題について発表する。発表時間

図表4-1 卒論提出・発表までの流れ

1. 卒論ガイダンス ……… 2年次後期
2. 題目届の提出 ……… 4年次4月
3. 題目変更の申し出 ……… 4年次6〜9月
4. 中間発表(報告)会 ……… 4年次10〜11月
5. 卒論の執筆 ……… 4年次4〜12月
6. 卒論の提出 ……… 4年次12月〜翌年1月
7. 査読と審査 ……… 4年次1〜2月
8. 口述試験(面接試問) ……… 4年次2月
9. 卒論発表(報告)会 ……… 4年次2〜3月

は15分程度で、その後、質疑応答が行われ、教員や大学院生などから指導・助言を受ける。この場合、社会福祉上の研究史の軽視や無視、論理の飛躍、論証の不足などについては厳しい指摘や批判が行われることが一般的である。

しかし、この中間発表（報告）会は自分自身の研究の事前チェックであるとともに、今後、研究を客観的に進めるうえでも重要な機会である。また、ゼミ仲間や同級生の進み具合や方法を知るうえで絶好の機会でもある。この中間発表（報告）会後、実際の卒論の執筆にとりかかる。

● **卒論の査読と審査の方法**

卒論の査読と審査は通常、主査および副主査の複数の指導教員により、約1か月の予定で一人ずつ慎重に行われたあと、口述試験（面接試問）が行われる。大学によっては主査および副主査の指導教員のほか、すべての教員によって行われる場合もある。

いずれにしても、卒論の提出が必須の場合、その要旨、概要、自分が最も力を入れたところ、逆に苦労したところ、あるいは研究の成果についての自己評価などを簡潔に述べることが求められる。そのうえで、主査および副主査の指導教員から質問があり、これに正確に答えられるかどうかが問われる。

そこで、口述試験（面接試問）の前にあらかじめ卒論の要旨をコピーし、当日、持参するほか、万一、書き残したり、書き忘れたりしたところがあったら、素直にそのむねを述べてフォローする。卒論はこのような口述試験（面接試問）を経たうえで、最終的に次の10点にわたって総合的に審査されるのが一般的である（図表4−2）。

① 論者は自身の卒論を4年間の学生生活の総決算とし、卒論を書くことによってどのような意味、あるいは意義を見いだしているか。

図表4－2 卒論の審査基準

① 卒論の位置づけ・意義
② 課題の適切性・独自性
③ 研究方法の妥当性
④ 事実関係の把握
⑤ 論理性
⑥ 研究成果の意義
⑦ 学問的発展性・独創性・貢献度
⑧ 表現力
⑨ 文献・資料等の適切性
⑩ 研究上の努力、その他特記事項

（注）
各項目につき、S、A、B、C、D別に五段階で評価されるのが一般的な審査方法である。

S	90〜100点	
A	80〜89点	合　格
B	70〜79点	
C	60〜69点	
D	59点以下	不合格

（注）
病気療養などの場合、「E」（保留）などと評価し、後日の提出を認める場合もある。

② 卒論の題目（テーマ）に関わる課題の提起は適切か。また、その独自性はあるか。
③ 研究方法は、量的アプローチである調査研究、あるいは実験研究、または質的アプローチである文献研究、あるいは事例研究のいずれかであり、かつそれは妥当か。
④ 論を進めるうえで必要な参考文献などの資料を十分収集し、かつ事実関係を正しく理解しているか。
⑤ 論理に誤りや飛躍はないか、また、論を支える証拠（論証・実証）

⑥　研究の結果、成果の意義があるか。
⑦　研究の結果に発展性や学問的な独創性、貢献度があるか。
⑧　文章上の表現に誤りはないか。
⑨　先行研究の検証や仮説の設定、最新資料の収集・分析、引用・参考文献などは適切か。
⑩　研究活動における努力やその他特記事項はあるか。

　このような過程を経て、卒論の提出および査読と審査、口述試験（面接試問）、卒論発表（報告）会で審査は終了となる。

　出来上がった卒論の提出にあたっては紐、または糸などで綴じたり、ファイリングしたりする。要は、バラバラにならないよう、しっかりと綴じることが大切である。なぜなら、卒論は何人もの手に渡るため、うっかり落丁し、そのためにページが混乱したり、一部を失ったりするおそれもあるからである。

　なお、大学によっては製本した卒論を保管し、図書館などで閲覧できるようにしているところもある。

（2）スケジュールは実習・就職活動を考えて立てる

●卒論計画書の作成のススメ

　さて、ガイダンスを経て、自分の卒論の指導教員が決定したら、おおよそのスケジュールを立てる。

　具体的には、卒論のためのゼミの所属、および指導教員が決定したら、早めにその指導教員の指示をあおぐとともに、自分の実習の期間や就職活動を考え、卒論を提出するまでの計画を立てる。通常、2〜3年次は卒論の執筆のための基礎研究に費やされるため、本格的には4年次からとりかかることになる（図表4−3）。

図表4-3 卒論への対応

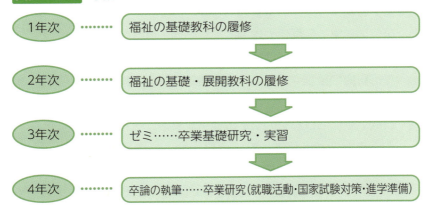

　ただし、就職活動は3年次の春先から取り組まざるを得ない。このため、これらとの関係もよく考え、余裕をもって計画を立てる必要がある。

　たとえば、M大学4年のM・Yさんは3年次の春季休暇中、卒論の題目（テーマ）を「地域包括ケアと地域福祉」と決定した。その後、資料や参考文献などの収集は4年次の4～5月、調査票の作成は同6月、調査・分析および中間発表（報告）会ならびに下書きは同7～8月、下書きの添削と清書は同9月、提出は同10月という計画を立てて進めた。

　また、就職活動は3年次の秋ごろから準備に入っており、5月に国家公務員と政令指定都市の地方公務員試験を受験、いずれも合格した。さらに、社会福祉士の国家試験の対策は6月から着手し、翌年1月に受験、3月に合格した。このように卒論への取り組みはかなりハードであるため、就職活動や国家試験対策と上手に調整して考えることがポイントとなる（例4-1）。

Step 4 福祉の卒業論文の書き方

例4-1 M大学4年、M・Yさんの4年次の年間スケジュール

月	卒業論文	就職活動	国家試験
4	資料・文献集め 仮題目の決定	公務員試験対策	
5	資料・文献集め	国家公務員試験合格 地方公務員試験合格	
6	調査票作成		国家試験対策 ↓
7	調査 中間発表（報告）会		
8	調査の分析 下書き		
9	下書きの添削 清書・提出		
10			
11			（本格化） ↓
12			
1			模擬試験 国家試験
2	卒論発表（報告）会		
3		卒業式	国家試験 合格発表

（3）題目（テーマ）の選び方

● まずは資料を読み考える

　さて、卒論の題目（テーマ）を選ぶには図表4－4のように、まず基本的な資料を集めることが必要である。というと、題目（テーマ）が決まらなければ資料を集めようにも集められないのではないかと思われそうだが、そうではない。なぜなら、卒論は自分の最も関心のある分野のなかから題目（テーマ）を選ぶことが大切だからである。

　また、その卒論の評価を少しでも高めるうえで決定的な裏付けとなるからである。しかも、いかにすぐれた考え方をもっていたとしても、読み手に理解してもらうには正確なデータや従来の考え方との差異、自分自身のオリジナルな考え方がどこにあるのか、くわしく示すことが大切でもあるからである。

　そこで、まず最初に何を読むかということであるが、基本的には今まで講義で使ったり、自分で学習したりして使ったノートや教科書、参考書をひもとき、辞書や資料、実習、ボランティアの体験なども動員し、熟読する。そうすることにより、当時、理解した内容と現在との時間的な経過のなかでどの程度理解が進み、かつ課題としてとらえつつあるかがわかるのである。

　しかし、たとえ教科書や参考書が内容的にすぐれたものであっても、必要以上に分厚いものは考えものである。なぜなら、卒論といってもおのずから時間的に制約があるため、途中で嫌気がさしてしまっては元も子もないからである。もっとも、薄手のものでは安心できないという場合、厚手のものは辞（事）典代わりに使い、要所要所を押さえていくということも一考である。

Step 4　福祉の卒業論文の書き方

図表4－4 卒論の題目（テーマ）の選び方

1. 講義ノート・教科書・参考書の再読
　↓
2. 辞書・資料の併読
　↓
3. 実習・ボランティア体験の動員
　↓
4. 講演会・大学の「研究紀要」・学会誌・研究所研究報告書・専門雑誌のチェック
　↓
5. インターネットの活用
　↓
6. ゼミ仲間の助言
　↓
7. 指導教員の助言
　↓
8. 進路との関連の吟味
　↓
9. 題目（テーマ）の決定

● **気になる題目（テーマ）をピックアップ**

　いずれにしても、これらの教科書や参考書などを読んでいくうえで大切なことは、必ずカードやノート、ファイル、パソコンにその時々の批評や感想、コメントなどをメモ書きしながら作業を進める、ということである。

　これらのメモ書きは、それぞれの項目や事項ごとに書く。この場合、その記入欄は左面だけで、右面は白紙にしておき、あとで他の本を調べたりしたときに書き込み、より理解を深めることに活用する。そして、いずれ大量になったら、項目別にダンボール箱やパソコンの別のファイルに仕分け、いつでも必要な項目が引き出せるようにする。とくに新たに入手する場合、ノートは比較的薄手のものを選び、題目（テーマ）になりそうな論点をいくつか探してノートやファイル、パソコンに書き出し、簡単な表題をつけていく。

　このようにして関心が比較的そそられるようなものへと次第に絞り込んでいき、そのなかから自分は何のため、または何について卒論を書くのか、明らかにしていく。

● **人の意見も参考に**

　このほか、大学の掲示板で情報提供される学会や講演会、大学の「研究紀要」、学会誌、研究所の研究報告書、専門雑誌の紹介を利用したり、さらにはインターネットを活用し、各大学の卒論の指導教員や学生のホームページを検索したり、先輩や知り合いの大学院生から情報収集して助言を得たりする。

　なお、日常的には卒論のためのノートやスマホなどを携行し、ゼミの仲間やその他の友人と研究会を開いたり、自主ゼミを結成したりしてなるべくディスカッションし、自分なりの着想なり、イメージなりを披露し、意見を聞かせてもらうことも大切である。なぜなら、行き

詰まりを打開するヒントが得られたり、題目（テーマ）とは一見無関係なところに思わぬ関連性を見いだすこともあるからである。

● **論点をはっきりさせ、題目（テーマ）を絞り込む**

　さて、卒論という研究論文である以上、自分なりに考え抜いたことを書くものであるため、単に書くということよりも考えることの方に重点を置かなければならない。その意味で、卒論の題目（テーマ）は自分なりの視点に立ったうえで、論点がはっきりとしたものに絞る。なぜなら、評価の高い卒論の題目（テーマ）はたいていは論点が一つに絞られており、しかも、その方が論点に対する論者の切り込み方がはっきりと読み手に伝わるからである。

　ただし、題目（テーマ）があまりにも壮大で広いテーマになりすぎてはならない。そこで、このような場合は副題（サブタイトル）をつけて焦点を絞るのも一考である（例4－2）。

　なお、題目（テーマ）の選択にあたっては、時系列的に自分は21世紀を生き抜く、というくらいの自覚が必要である。そして、その選択にあたっては無難なところに逃げず、むしろ思い切って冒険するくらいの意欲も必要である。

　また、卒論の題目（テーマ）は自分の進路との関係を重視すれば、就職活動や面接のときにアピールする武器となる。なぜなら、面接のとき、必ずといっていいほど卒論について尋ねられるからである。

　ともあれ、このようにして題目（テーマ）が大体決まれば、卒論のほぼ4分の1は終わったようなものである。

例4－2 卒論の題目（テーマ）例

中学生のボランティア実態から見るボランティア学習の必要性 　　～ボランティアに関するアンケート調査をもとに～
地域包括ケアシステムの課題 　　～N市高齢者地域見守りネットワーク活動から～
国際交流の促進のために 　　～本学学生と他大学留学生のアンケート調査を踏まえて～
市民活動におけるボランティアスクールの役割と意義 　　～K市子供ボランティアスクールに参加して～
介護保険制度に対するK市民の意識 　　～K市民へのアンケート調査を踏まえて～
コミュニティバスの現状と課題 　　～A市とM市の場合を比較して～
バリアフリーの現状と今後の課題 　　～T県M市とC県A市を比較して～
高齢者における生きがい支援の今後のあり方 　　～F県I町の生きがいデイサービスの調査をもとに～
地域包括支援センターにおける相談員と介護職員との関係について 　　～利用者とのコミュニケーションに問題を抱える介護職員の取り組みを中心に～
地域における福祉基盤づくり 　　～Y市の給食サービスの実態から～
動物が人に与える癒し効果の実証 　　～アニマルセラピーの可能性～

（4）指導教員から助言を得る

●指導教員に題目（テーマ）を選んでもらうことも

　ところで、忘れてならないのは指導教員から助言を得ることである。なぜなら、指導教員は大学が学生につけたもので、題目（テーマ）の決定とともに指導教員が決められるため、その助言をいかさない手はないからである。

　具体的には、日ごろから指導教員に積極的に接し、相談に乗ってもらう。とくに論文の構成を決める段階では、早めに指導教員に自分の計画をチェックしてもらう。とはいうものの、指導教員の人柄などによってはややもすると煙たい存在かもしれない。まして研究室の出入りともなると、足も遠のきがちではないだろうか。

　しかし、そこは学生の身である。怖がらず、むしろ積極的に接して教えを請うよう、尊敬の念を前面に押し出して相談に乗ってもらおう。それというのも、研究論文という以上、基本的には学問的な独創性に富んでいなければならないため、万一、研究を始めたものの、すでに先学が同じ題目（テーマ）で研究に着手しており、近々のうちに結論が発表されるというのでは意味がないからである。

　もっとも、そうはいっても、卒論は学問的な独創性を主たる目的とするのではなく、むしろ研究方法の訓練を目的としているといってもよい。このため、必ずしも学問的な独創性がなければならない、というわけではない。

　要は、経験のある指導教員に対し、どのような題目（テーマ）であれば学生として能力的に取り組みが可能なのかどうか、適当な題目（テーマ）を選んでもらうなど、助言をもらうことが大切なのである。

　ちなみに、例4－3はY大学4年、K・Kさんの卒論の題目（テーマ）の決定までの経緯である。

K・Kさんは4年次の4月、仮題目（テーマ）を「ユニバーサルデザイン」とした。しかし、5月に指導教員（筆者）から「これでは題目（テーマ）があまりにも抽象的すぎるので何のユニバーサルデザインか、対象を絞り込むようにしてはどうか。たとえば、あなたの住所地と都下のM市との制度上の比較など……。M市はその先進地の一つのため、この方法なら具体的で、研究もしやすいはずだ」と助言を受けた。

　そこで、K・Kさんは翌6月、両市の情報を関係機関から収集し、7月に「バリアフリーからユニバーサルデザインへの移行と課題」と修正後、さらに8〜9月のヒアリング調査の結果を参考にして題目（テーマ）を精査した。そして、10月には「バリアフリーの現状と今後の課題〜T県M市とC県A市を比較して〜」に最終決定したのである。指導教員の助言とK・Kさんの努力により、当初の題目（テーマ）より論点がはっきりし、興味深いものになったことがわかるだろう。

Step 4 福祉の卒業論文の書き方

例4－3 K・Kさんの卒論の題目（テーマ）決定までの経緯（本人のメモ等より）

4年次4月	仮題目をとりあえず「ユニバーサルデザイン」とする。
5月	先生より「題目があまりにも抽象的だ。対象を絞り込み、比較研究してはどうか。たとえば住所地と都下の先進地・M市との比較など」と助言をいただく。
6月	住所地のC県A市とT県M市の情報を収集して比較検討する。
7月	仮題目を「バリアフリーからユニバーサルデザインへの移行と課題」と修正するとともに、副題を「T県M市とC県A市を比較して」とする。

> **選んだ理由**：きっかけは、私がボランティアで出会ったお年寄りの方との会話だった。その方は一人で外出する際、すれ違う自転車や車道と歩道との段差など怖いことが多くて出かけるのを躊躇してしまうことがよくある、と話して下さった。
> 　確かに、お年寄りにとっては街の中にも危険が多い。目の不自由な方を助ける点字ブロックでさえ、お年寄りにとってはつまずく原因になることもある。そう考えると、そもそも「まちづくり」とはだれのためのものだろうか。そのようなことを思い、この題目を設定した。

> **卒論を書くにあたって**：今の段階ではきっかけが漠然としすぎていて、まだ内容を絞り切れていないでいる。執筆に必要なこととしては、まず「バリアフリー」と「ユニバーサルデザイン」についての知識のため、現在はこれらに関する文献を集めている。
> 　また、副題にあるT県M市とC県A市だが、ユニバーサルデザインが進んでいる地域とそうでない地域を比較することで、見えてくるものがあると考えた。場所に関しては、M市はT県内でユニバーサルデザインが進んでいるところとして、先生が挙げて下さった。一方、A市は私が生まれ育ったところであり、まだまだユニバーサルデザインが市民に浸透していないだろうと思い、双方を比較する場所として選んだ。比較する方法としては、まだ交渉してはいないが、それぞれの市役所の担当の方にお願いし、インタビューという形でヒアリング調査をさせていただくつもりである。

> **卒論の構成について**：まだ内容が具体的に定まっていないので構成も立てられないが、次のような流れで考えている。
> 　　第1章　バリアフリーについてと問題点
> 　　第2章　ユニバーサルデザインについてと課題
> 　　第3章　ヒアリング調査についてとその内容
> 　　第4章　今後の展望

8～9月	ヒアリング調査の結果を参考に、仮題目および副題を精査する。
10月	題目および副題を「バリアフリーの現状と今後の課題～T県M市とC県A市を比較して～」に最終決定し、11月末に卒論を提出する。

その2 参考文献の集め方

（1）文献などの探し方

● **文献の目録を作成する**

　さて、卒論の題目（テーマ）を選んだら、次はその題目（テーマ）に即し、先行研究に関する資料の検索、すなわち、文献目録の作成、およびこれにもとづく文献の収集、読解、資料の調査を行う。

　具体的には、社会福祉辞（事）典や社会福祉用語集、大学の「研究紀要」、各種研究所の研究報告書、社会福祉学会関係の学会誌、専門雑誌などを利用し、卒論の題目（テーマ）に関する最近10年間にわたる文献目録をカードやノート、ファイル、パソコンで作成する。

　記録の方法は単行本、研究論文、研究報告書、雑誌、新聞の順とし、それぞれ著者・訳者・編著者・監修者・共著者名、書名・論文名（表題・副題）、研究報告書名、講座・文庫・新書などのサブタイトル、雑誌・紀要名、巻・号数、発行所（出版社）名、発行年（新聞は発行年月日）などの順に記載する（図表４－５）。そして、文献の収集、読解、資料の調査を行う過程での自分の意見や感想、引用すべき個所、所蔵場所の明示などのために余白を残しておく。この場合、あとで差し替えたり、修正しやすいため、ノートやファイル、パソコンよりもカードの方がより合理的である。

　具体的な方法としては、まず代表的な概説書をいくつかあたり、通読しながらカードの余白にその文献の所在や請求番号、所見を書き出していく。とりわけ、最近は卒論の題目（テーマ）に即した論点を整理した文献がかなり出回っている場合もあるため、自分の題目（テー

図表4-5 文献目録のカードの一例

種　　　別	
著　　　者	
訳　　　者	
編　著　者	
共　著　者	
表　　　題	
副　　　題	
雑誌・紀要	
巻　・　号	
ページ数	
発　行　所 （出版社）	
発　行　年 （年月日）	
価　　　格	
備　　　考	

マ）に即したものがないかどうかを調べる。とくに「○○講座」などと銘打ち、特定の分野に絞ってそれぞれの論点について言及した研究論文も少なくないため、これらの文献も見落とさないよう、注意する。

（2）データの収集場所

●図書館、書店、古本屋など

次に、これにもとづく文献の収集、読解、資料の調査を行う。

具体的には、まず自分の大学の図書館や大学生活協同組合（大学生協）の書店はもとより、国立国会図書館や都道府県、市町村などの公立図書館、さらには一般の書店や古本屋に出向き、題目（テーマ）とする研究書や学会誌、研究紀要、ビデオやスライド、CD-ROM、DVDなどの視聴覚資料など先学の著書や研究論文を探す。そして、今後、利用すると思われるようなものは経済的に許される範囲内で購入することも必要である。

このうち、オンライン・ディスクによるデータベースがある大学の図書館の場合、これらを利用して学術情報センター、すなわち、全国の大学図書館などが所蔵している和書や洋書、和・洋雑誌のデータ情報源へアクセスする。また、他の大学の図書館への紹介依頼やインターネットの活用も考慮する。洋書は洋書を取り扱っている書店へ注文するが、この場合、最低2か月はかかるため、書籍などを通信販売しているAmazonなどを利用する方法もある。

一方、国立国会図書館の場合、あらかじめ自分の氏名と住所などを登録しておくと、大学の図書館を通さず、自宅からインターネットによって所蔵図書の貸し出しや各種データのコピーサービスを受けることができる（☞66～67頁）。また、公立図書館によっては同種の公立図書館と情報共有している場合もあるため、利用したい公立図書館の係員に確認するとよいだろう。

●効率のよい検索方法

いずれにせよ、これらの図書館には通常、何千冊、あるいは何万冊

もの蔵書がある。このため、これらのなかから自分の題目（テーマ）に即した書物や研究論文を探し出すのは、一見容易ではないように思われるが、開架図書や目録、庫内図書を上手に利用すればそれほど困難なことではない。

　このうち、開架図書は自分の手で直接取って見ることができる。しかも、多くの場合、参考図書や文献目録、辞（事）典が配置されているため、自分の題目（テーマ）に関連した図書や研究論文の題目（テーマ）・題名および基本的な知識を得ることができる。

　目録は、日本十進分類法（NDC）により図書館にある書物を記録しているため、著者目録や書名目録、分類目録が備わっている。このため、これらによって目的の本を探し出し、その本がどの場所に配架されているのかわかるが、時には貸し出し中のため、すぐに入手できず、しばらく待たされたりすることもある。場合によってはこの目録カードによって取り出した本から新たな書物や論文を再度選び出す、ということもある。

　この日本十進分類法は文献を検索するうえで欠かせないものであり、この方法を知っている場合と、そうでない場合とでは格段の差が生ずる。図書館の活用の第一歩がこの日本十進分類法になじむかどうかにある、ということは今も昔も変わりはない。ちなみに、社会福祉でいえば「社会科学」のうち、「369　社会福祉」の函が中心となる。

　また、新刊本の場合、日本書籍出版協会の「これから出る本」や出版ニュース社の『出版年鑑』が参考になる。研究論文の場合、国立国会図書館が出している「雑誌記事索引」が役に立つ。このほか、これらの図書館などの利用にあたってはオンラインサービスによって各種データベースの検索が可能か、さらに、コピーサービスがあるかどうかについても確認しておく。また、夏季など長期休暇のシーズンはどこの図書館も利用者が殺到し、長時間待たされるため、このような

シーズンとぶつからないよう、できるだけ早めに利用すべく日程を調整する。

　なお、海外の文献を調べるときもまず大学の図書館などにあたるが、あいにく所蔵されていない場合、国立国会図書館のオンラインサービスで他の大学の図書館に所蔵されていないか、チェックする。また、インターネットを活用する場合、世界最大の学術雑誌全文データベース、Science Direct（https://www.sciencedirect.com/）で「Life Sciences」と指定し、キーワードを入力して検索すると社会福祉関係の論文のリストが表示されるが、いずれも基本的には英語である。

（3）新聞記事の切り抜きと辞書の活用

●社説、コラム、解説記事、ルポは最新情報と問題提起

　新聞や雑誌、週刊誌などから卒論の題目（テーマ）と関連のある記事を切り抜くという方法も行ってみたい。この場合、ノートやカードと同様、あらかじめ題目（テーマ）に関連した内容ごとに段ボールや紙袋などを用意して仕分け、目次に従って1枚の台紙に1枚のスクラップを貼っていく。

　このような切り抜きがなぜ、必要かといえば、新聞の社説やコラム、解説記事、ルポルタージュは単に最新情報というだけでなく、鋭い問題意識をもったうえで実態を報告し、しかも、問題提起を行ったものも少なくないからである。また、これらの記事は簡潔で、わかりやすい文章で書かれているため、表現力を養ううえでも大いに参考になるからである。

　なお、学会や出版社、研究者がホームページを開設し、著書や研究論文の要旨、リストを公開している場合もあるため、これらのサイト

にアクセスすることも可能である。

　ともあれ、いずれのデータにせよ、手に入れたものが本物で信頼がおけるものかどうか検証し、信頼できるものと判断してはじめて、それを用いて理論的に論述すべきである。そのためにはまず資料が、意識的に関係者に伝えようとして意図的、あるいは作為的に述べたものか、また、アンケート（質問紙調査法）やインタビュー（面接調査法）など、論者のオリジナルなデータにもとづいて言及したものか、それとも他人がつくったデータに頼った"孫引き"のものなのか、さらには内容的に矛盾したり、独断や偏見に基づいたりしたものか、データの出所に問題がないか、などを入念にチェックする。

●欠かすことのできない辞書

　研究論文を書くときに辞書は手放せない。

　周知のように、辞書は最も一般的な国語辞典のほか、故事・諺（ことわざ）辞典や英和・和英・英英辞典、六法全書、社会福祉用語集、社会福祉辞（事）典などのような専門の辞（事）典、さらには現代用語辞（事）典などのような特殊な辞（事）典に分けることができる。いずれにせよ、辞書はその歴史や伝統、さらには社会的な信用があり、誤植や誤記がなく、使いやすいものを選ぶことが常識である。

　また、「序文」などでその執筆の意図をよく読み、自分の使用目的にかなっているか、チェックすることが大切である。このほか、指導教員や友人、先輩などからアドバイスを受けるのも一考である。

　ともあれ、辞書は生涯にわたって使うものであるうえ、金額的にも値が張るだけに慎重に選ぶことが大切である。

◆

以上のように参考文献の収集で、4年次の前期の半ばくらいまでにその題目（テーマ）に即したデータを探し終えるようにしたい。期間的には3か月くらいであろうか。このデータ集めが終われば、全体の3分の2は終わったようなものである。

その3　参考文献の活用法

（1）参考文献の読み方

●試し読み、探し読み、精読の三つの方法

　さて、参考文献の読み方であるが、保坂弘司氏の著書『レポート・小論文・卒論の書き方』（講談社、1978年）によると、これには試し読み、探し読み、精読の三つがある（図表4－6）。

　このうち、試し読みとは自分の題目（テーマ）とどの程度関連があるか、また、あるとすればどの程度必要性があるのか、調べるために読む方法である。すなわち、参考文献の全体を"斜め読み"するわけである。場合によっては目次だけを"走り読み"するだけで終わることもある。

　これに対し、探し読みとは参考文献の全部が必要というのではなく、そのなかの一部だけ必要となる場合に行う読み方である。その意味では"試し読み"的な要素も含まれる。

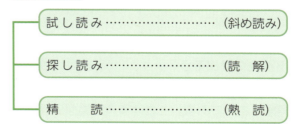

図表4－6　参考文献の読み方

- 試し読み……………………（斜め読み）
- 探し読み……………………（読　解）
- 精　読………………………（熟　読）

したがって、この場合、自分の卒論の題目（テーマ）がある程度決まっており、しかも、何を探すか、十分その方針が決まっている場合に限られる。このため、速く読み、よくわかる、よく覚えていることが求められる。これらの三つが相互に関係し合い、効率的な資料の読解をなし得ることができる。

　具体的には、1字ずつ読まず、できるだけ長い文を一気に読んだり、目読の範囲をできるだけ広くする。また、論文には結論があとにくるものとは限らず、なかには結論が先にくる場合もあるため、このような点にも注意しながら読むと、読む速さだけでなく、理解の正確さという点でも効率がよい。

　一方、精読とは参考文献が自分の題目（テーマ）と全面的に関係があり、かつ利用価値も十分ある場合の読み方である。

　具体的には、まず「序文」を丁寧に読む。なぜなら、一般に「序文」にはその書物を書くための意義が記されていることが多く、そこから著者の著述に対する視点や目的を知ることができるため、内容を理解するうえで最も役立つからである。

　ただし、本によっては「序文」とせず、「はしがき」、あるいは「まえがき」としている場合もある。また、「跋文（ばつぶん）」を設け、執筆し終えた感想を述べたものもあるが、このような「跋文」も論者の執筆の意図や内容の理解に努めることができるため、無視することはできない。「跋文」に代わる「おわりに」、あるいは「あとがき」の場合も同様である。

●キーワードを見つけ出そう

　次に大切なことは、参考文献のなかで重要な言葉、すなわち、キーワードを発見することである。これは著者の論理の展開や文章の構成を明確にするうえで重要である。この場合、その書物の内容上、重要

なところや共鳴を覚えた個所に色鉛筆やマーカーを使って印をつけ、繰り返し読むことである。そして、あとで読んでさらに重要だと思った個所には別の色鉛筆やマーカーで印をつける。また、個々の要点をその該当する個所の近くの空欄にまとめ、メモ書きしてもよい。

　なお、著書や論文を読んでいく場合、著者の研究歴や専門分野、著作物を通じ、その人柄や考え方などをできる限り知ることが大切である。

　いずれにしても、このような作業をしながら読み込んでいくと、知らず知らずのうちに要点が整理されていくことになる。

（2）データのまとめ方

● エクセルの活用

　さて、集めたデータは「宝の持ち腐れ」にならないよう、自分なりに整理することが大切である。

　最後に、読み終えたら自分のための「索引」をつくる。一般に研究書には末尾に索引がついているが、自分の題目（テーマ）に関連した索引をつくることはその書物をより理解するうえで効果的である。必要なものが必要なとき、いつでもすぐに取り出せるよう、記録するわけだが、その場合、エクセルを使ってまとめるのが一般的である。

　また、いずれの方法の場合も、参考文献の種別、著者、訳者、編著者、共著者、表題、副題、雑誌・紀要名、巻・号、ページ数、発行所（出版社）名、発行年（年月日）、雑誌名の場合、和書は二重カギカッコ（『　』）、洋書はイタリック体（斜字体。ワープロで入力が不可能なら下線を引く）とするほか、記事は和書の場合はカギカッコ（「　」）、洋書の場合は引用符でくくる。そのうえで、先に卒論の題目（テーマ）を選ぶときに使ったノートやファイルなどの"改訂版"の

ようなものを別のエクセルでつくり、最終的にまとめていく。
　いずれにしても、その要旨を自分でエクセルにまとめ、いつでも加筆・修正して引き出し、卒論にそのまま転用すれば効率的である。

その4 調査の仕方

Step 4 福祉の卒業論文の書き方

（1）アンケート（質問紙調査法）の方法

　調査は、一般的にはアンケート（質問紙調査法）とインタビュー（面接調査法）が代表的である。

　このうち、アンケート（質問紙調査法）はあらかじめ作成した質問票によって行う方法だが、質問紙を送るときは職業、職種、身分、地域、年齢、最終学歴、そのために必要な要件を考え、最も適当と思われる個人、またはグループを回答相手に選ぶ。調査の質の確保も回答者次第、というわけである。

　不特定多数を相手にした任意抽出法による世論調査もあるが、このような調査は往々にして重要なグループが抜け落ちていたり、質問票が一定の答えを誘導するような形になっていることがある。また、紋切り型の表面的なことしか質問できないことも多く、結果はあまり期待できない。

● **質問票は簡単で、回答しやすいものにする**

　さて、依頼状は自己紹介と卒論を書く目的の紹介を兼ねた丁寧なものとし、あらかじめ相手の協力に対して一言お礼を述べ、質問票とは別につくって添える（例4－4）。

　質問票は最初は簡単なものにするが、それでも十分な回答を期待することができない場合はサブクエスチョン（付問）を設ける。なぜなら、この順序が逆の場合、回答者は回答をすべて投げ出してしまうおそれがあるからである。

例4-4 アンケート（質問紙調査法）票の依頼文例

レクリエーションに関するアンケート調査

　私は、M大学社会福祉学科4年の○○○○と申します。
　このたび、卒業研究の題目として、老人福祉センターの利用者を対象に、レクリエーションに関するアンケート調査を実施し、その現状や課題について考察することになりました。
　つきましては、ご多忙のところ大変恐縮ではございますが、本アンケート調査にご協力いただければ幸いです。
　なお、このアンケートは卒業研究のためのものであり、ご記入いただいた内容はアンケートの集計のみに使用し、集計後の統計資料はアンケートの趣旨・目的以外には使用いたしません。

（注）　レクリエーションとは「仕事や勉強などの疲れをいやし、精神的・肉体的に新しい力を盛り返すための教養・娯楽。」（『大辞林』より）をいいます。

連絡先──〒○○○-××××　東京都○○市××
　　　　TEL　03（○○○○）××××
　　　　氏名　○○○○

設問は20〜30問とし、回答者に必要以上の負担をかけないよう、「はい」「いいえ」など選択肢は簡潔なものとする。回答があまりに複雑な場合、答えるのが面倒なうえ、統計処理するときにも不便だからである（例4－5）。

　このほか、回答欄に「わからない」の選択肢を加え、かつその理由を尋ねる回答欄を盛り込むと、よりくわしい事情を聞くことができる。また、選択肢を設け、選んでもらうのも一考である。

　なお、基本属性（フェイスシート）として、必要に応じて回答者の年齢や職業、最終学歴、職種、地位などを回答してもらう質問を設定することも大切である。

　このようにしてできた質問票は、パソコンでプリントアウトして仕上げたい。また、質問票と依頼状には必ず自分の宛て名を書き、切手を貼った返信用封筒を入れるようにする。なかには、先方のメールアドレスを教えてもらったことをいいことに、質問票をメールで添付して送信しては、と考える向きもあるかもしれないが、これはあまりにも失礼なため、先方がそのように依頼してきたとき以外は慎しむべきである。

　さて、返送されてきた質問票はさっそく統計処理し、集計・解析しなければならない。この場合の方法として単純集計とクロス集計があるが、データの集計および解析にはパソコンを利用したデータベースソフト式などがある。

　ただし、これらの情報にあっては単位の統一や適切な見出し付けを行うなど、関連の情報をいつでも容易に検索でき、しかも、参照も可能となるよう、創意工夫する。

例4－5 アンケート（質問紙調査法）の質問票例

下記の質問にあてはまる番号に○、または（　　）に回答を書いて下さい。

①年齢　　（　　　歳）
②性別　　1．男　　2．女
③現在どこに住んでいますか。（　　　　　　市・町・村）
④職業

⑤学歴　　1．小学校卒　　2．中学校卒　　3．高校卒
　　　　　4．専門学校卒　5．短期大学卒　6．大学卒
　　　　　7．その他（　　　　　　　　　　）
⑥どのような家族形態ですか。

> アンケートの冒頭で基本属性を聞く。

⑦現在、趣味はありますか（スポーツ以外で）
　　　　　1．ある　　　　2．ない
⑦－1　上記の質問で『ある』と答えた方にお聞きします。
⇨現在、どんな趣味がありますか。一つあげて下さい。

⇨それは、いつから継続していますか。

⇨なぜ、この趣味を継続しているのですか。あてはまるものに○をつけて下さい。（いくつでも）
1．面白いから　　　　2．楽しいから
3．体の健康のため　　4．友人ができるから
5．地域のつながりができるから
6．安らげるから　　　7．熱中できるから
8．ストレス解消のため　9．他人と交流できるから

10. 強制的にやらされている
11. 暇だからやっている
12. なんとなくやっている(理由はない)
13. 社会的に意義があり、良いことだから
14. その他(　　　　　　　　　　　　　　)
⇨そのほかに趣味がありましたら、お書き下さい。(いくつでも)

⑦-2　上記の質問で『ない』と答えた方にお聞きします。
⇨以前に趣味はありましたか。
　　　　　　　1．あった　　　2．ない
上記の質問で『あった』と答えた方にお聞きします。
⇨なぜ、現在はやめてしまったのですか。あてはまるものに○をつけて下さい。(いくつでも)
1．体力に自信がないから　　2．体に障害があるから
3．時間に余裕がないから(忙しいから)
4．環境がないから　　　5．人付き合いが嫌だから
6．お金がないから　　　　　7．友人がいないから
8．飽きたから(面白くなくなったから)
9．強制的にやらされていたから
10．面倒だから　　　　　11．一人になりたいから
12．なんとなくやめた(理由はない)
13．その他(　　　　　　　　　　　　　　)

> 選択肢があると、回答しやすい。

（2）インタビュー（面接調査法）の方法

●アポイントをとってインタビューする

　アンケート（質問紙調査法）は、相手に直接質問ができないため、深みのある調査は望めないともいえる。一方、インタビュー（面接調査法）は、現在の出来事について重要な証人から聞き出すもので、いわば自分でつくり出すデータということができる。

　インタビューにあたっては、まず自分の研究計画からどのような人物に会うべきか、よく考えてそのリストをつくり、相手の経歴などを調べておく。次に、電話や手紙、メールなどで自分の身分や研究の目的などを明らかにし、いつ、どこで、どのくらい時間をとってもらえるか、尋ねる。これを「アポイントをとる」というが、この場合、礼儀正しく、相手の都合を十分考慮する。指導教員などの紹介状があればそれに越したことはない。

　実際のインタビューでは、その大前提としてまず相手の信頼を得るようにする。そのためには秘密事項は必ず守ることはもとより、相手が公表を望まない情報はすべて公表しないことについても確認する。

　メモはとってよいものの、テープやビデオの収録は相手の同意を得て行う。事前に要点を相手に知らせておけば時間的なロスがないし、インタビューの効果をあげるのに役立つ。また、堅苦しい雰囲気を和ませるためには主要質問と関係のない副次的な質問も効果的に使いたい。もっとも、たとえ雑談であっても論争的な態度は禁物である。

　あらかじめ約束していた時間がきたらそこで打ち切るが、途中で相手から同じような答えが繰り返されるようであれば、時間が余っていても、そこで打ち切る。インタビューが終わったらその場で礼をいうのは当然のことであるが、後から礼状を出すことも忘れてはならない。

ともあれ、アンケート（質問紙調査法）にしろ、インタビュー（面接調査法）にしろ、必ず文書資料と同様、相手の名前、日付、場所、コメントなどを整理、記録し、卒論の作成に備えることが大切である。

その5 卒業論文の書き方

（1）卒業論文の様式と体裁

●基本的な卒論の様式と体裁

さて、いよいよ実際にパソコンを使って卒論を書くわけであるが、その様式・体裁は基本的な基準があることが多い。

具体的には、それぞれの大学の指導教員にもよるが、一般的にはA4サイズのレポート用紙に1枚当たり、10.5ポイントで40字×36行（1440字）に指定してまとめる。プリントアウトは原則として黒色のインクを用いる。

卒論の1ページ目には「表紙（表題紙＝扉）」をつけ、表紙と裏表紙に卒論の題目（テーマ）と副題、大学名、所属する学部・学科、学籍番号、氏名、指導教員名を明記し（例4－6）、目次をつける。紐、または糸などで綴じるか、ファイリングする、あるいは大学の売店などを通じ、製本業者に製本してもらって完成である。

（2）執筆前の構成の整理

●執筆前にサマリー（要旨）を書く

実際の執筆にあたっては、前述したように、卒論の構成上、章立て、分節などが必要である。このため、まずそのためのサマリー（要旨）を作成するが、この場合、図解などを活用するとよりわかりやすくなる。

具体的には、発想がわくたびメモをとったり、見出しやキーワード

例4－6 卒論の表紙例

〇〇〇〇年度卒業研究

高齢者サークルの現状と今後のあり方

―M地区の単位高齢者サークルの調査をもとに―

〇大学〇×△学部社会福祉学科
学籍番号　　123456
氏　　名　　M　Y
指導教員　　〇〇〇〇先生

に注意しながら本文を走り書きする。その一方で、引用文献の出典や参考文献を示すとともに、これらがある程度蓄積された時点で全部を読み返す。そして、それぞれの主題ごとにグルーピングし、自分の弱点や理解が不足していると思われる部分を補充する。場合によってはグループの変更や解体を行い、データベース化したりするが、いずれにせよ、百科全書的な概論にならないように注意する。

その意味でも、サマリー（要旨）は一定の期間を置いて何回も練り直し、より自分の考え方に即するよう、修正に修正を重ねて行うことが必要である。このような思考の連続により、最終的な卒論の骨組みをつくっていくことが大切である（例4－7）。

（3）執筆の手順～三段階法

●目次の作成

別紙に「目次」を明示したあと、「序論・本論・結論」の順に従って書いていく。ページは「序論」から順に追番号を打つ。それぞれの「序論」「本論」「結論」では論文の長さに応じ、任意に章や節、項を設け、それぞれ「Ⅰ、Ⅱ、Ⅲ」「1、2、3」「(1)、(2)、(3)」「①、②、③」と追番号を打ち、論理的、かつ視覚的にわかりやすいように書き分けていく。

このとき、「目次」は「序論」から始まり、終わりの「参考文献」までの内容が一目でわかるように表記する（例4－8）。図表や図版などがあればこれらの目次も作成し、一般の目次のあとにつける。

●序論は卒論の「自己紹介」

次に、卒論はどのような手順で執筆するかということであるが、一般的には前述のように「序論・本論・結論」という三段階法によって書く（図表4－7）。

Step 4 福祉の卒業論文の書き方

例 4-7 卒論のサマリー（要旨）例

少子高齢社会に対応する福祉サービス
―寝たきり高齢者を支える地域包括ケア―

J・N

序論

本論　第1章　寝たきり高齢者とは

　1節　どうして寝たきりになるのか
　　　1）寝たきりの原因と経過の概要
　　　2）障害高齢者の日常生活自立度（寝たきり度）判定基準（厚生労働省）
　　　3）要介護状態区分
　　　4）寝たきり高齢者はゼロにできるか
　　　　　　寝たきり老人ゼロ作戦
　　　　　　寝たきりゼロへの10か条
　2節　寝たきり高齢者の現在の状況
　　　（全国・I県、市町村）
　　　1）寝たきりになった原因
　　　2）寝たきりの期間
　　　3）主たる介護者

　第2章　寝たきり高齢者を取り巻く介護サービス

　1節　居宅介護
　　　1）行政側の寝たきりの基準（老人福祉手当の支給）
　　　2）行政サービス　M市
　　　　　　　　　　　T市
　　　　　　　　　　　etc…
　　　3）Aさんの1日のサービスメニュー
　2節　施設介護
　　　介護老人福祉施設（特別養護老人ホーム）
　　　1）介護老人福祉施設（特別養護老人ホーム）の寝たきりの基準
　　　2）施設で行っているサービス
　　　3）Bさんの1日のサービスメニュー
　3節　地域共生社会の実現
　　　1）地域包括支援センターの役割
　　　2）地域包括ケアシステムの深化
　　　3）共生型サービスの提供

結論　1）居宅介護を前提にした行政サービス
　　　2）不足している介護老人福祉施設（特別養護老人ホーム）
　　　3）在宅と施設の連携

例 4 − 8 卒論の目次例

高齢者サークルの現状と今後のあり方

目次

序論……………………………………………………………………………… 1
　1．研究の動機および目的…………………………………………………… 1
　2．研究の方法………………………………………………………………… 2

本論

　第 1 章　高齢化社会における高齢者と老人クラブ………………………… 3
　　第 1 節　現代の老後問題…………………………………………………… 3
　　　1 ）老後のライフスタイルの変化
　　　2 ）高齢者の孤独の問題
　　　3 ）高齢者の余暇と生きがい
　　第 2 節　高齢者サークルの概要…………………………………………… 7
　　　1 ）高齢者サークルの意義
　　　　①高齢者サークルの目的
　　　　②高齢者サークルの性格
　　　　③高齢者サークルの魅力
　　　2 ）高齢者サークルの会員・組織
　　　　①会員
　　　　②組織
　　　3 ）高齢者サークルの運営
　　　　①運営の原則
　　　　②役員会、定例会の開催
　　　　③活動計画、予算の作成
　　　4 ）老人クラブ活動の内容
　　　　①健康・スポーツ活動
　　　　②学習活動
　　　　③趣味・レクリエーション活動
　　　　④生産活動
　　　　⑤友愛・奉仕活動
　　　　⑥伝承・地域文化活動

　第 2 章　高齢者サークルの実態〜M地区の単位老人クラブのアンケートより… 10
　　第 1 節　アンケートの概要………………………………………………… 10
　　　1 ）アンケートの目的
　　　2 ）アンケート対象
　　　3 ）アンケート内容

　　　　　　①高齢者サークル活動の状況に関すること
　　　　　　②高齢者サークル会員の状況に関すること
　　　　　　③高齢者サークル会員の意識に関すること
　　　　4）アンケート方法
　　　　　　①アンケート方法
　　　　　　②アンケート実施期間
　　　　　　③配布数・回収数（率）及び有効回答数（率）
　　第2節　単位高齢者サークルへのアンケートの結果……………………… 11
　　　　1）組織に関すること
　　　　2）運営に関すること
　　　　3）事業・活動に関すること
　　第3節　高齢者サークル会員の状況及び意識に関するアンケートの結果… 13
　　　　1）基本属性の特徴
　　　　2）会員の状況
　　　　3）老人クラブの活動の状況と意識

第3章　アンケートの結果の考察……………………………………………… 17
　　第1節　単位高齢者サークル実態……………………………………………… 17
　　　　1）組織に関すること
　　　　2）運営に関すること
　　　　3）事業・活動に関すること
　　第2節　高齢者サークル会員の状況および意識……………………………… 18
　　　　1）基本属性の特徴
　　　　2）会員の状況
　　　　3）高齢者サークルの活動の状況と意識

結論　高齢者サークルの課題と今後のあり方………………………………… 21

付記　論文を書き終えての感想および謝辞…………………………………… 22

資料編…………………………………………………………………………………… 24

　（1）アンケート用紙
　（2）単位高齢者サークルへの実態のアンケート結果【単純集計】
　（3）高齢者サークル会員の状況および意識に関するアンケート結果【単純集計】
　　　【クロス集計】
　（4）集計表

参考文献……………………………………………………………………………… 45

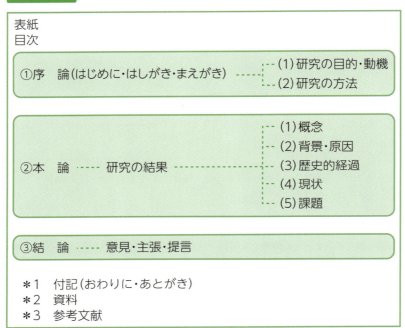

図表4-7 卒論の様式

　まずは「序論」で「研究の目的・動機」と「研究の方法」を書き、どのようなきっかけでこの卒論を書くようになったか、その理由を提示するとともに、内容的にはどのようなものを扱っているか、さらにはその研究にあってはどのような方法をとったか、述べる。

　そのうえで、論文の目的、範囲、意義、研究の手順をもう少し厳密に述べる。すなわち、「序論」で主題、言い換えれば、題目（テーマ）の設定や問題の提起などを行う。

　いずれにしても、この「序論」はいわば論文の"自己紹介"のようなものであるため、「序論」という言葉に代え、「はじめに」や「はしがき」「まえがき」としてもよい。

● 本論で具体的に展開

　次に、「本論」ではこれを受け、「概念」「背景・原因」「歴史的経過」「現状」「課題」の順に整理しながら書いていく。とりわけ、ここは卒論のいわば本体に当たるため、その題目（テーマ）の展開や例証、説明についていくつかの章を立てながら、その章の目的、問いや答えが何であるか、さらには、次の章ではどのような問いがトピックスになるかがわかるよう、必要にして十分な説得をもって行う。すなわち、その題目（テーマ）に関わる概念を定義づけることが必要、というわけである。そして、これを踏まえ、「序論」と矛盾しないよう、必要な論旨を展開し、かつ例証、または説明する。

　たとえば、社会保障関係の卒論の場合、学説や事例などの資料による論証も必要であるため、ここでは従来の見解に対する批判の展開、およびそれに伴う新しい論点や、新たな観点からの指摘も求められることになる。

● 結論でまとめる

　そして、最後に「結論」では「本論」で述べた答えを総合的にまとめ、「序論」の内容と矛盾しない答えを出して帰結すべく、簡潔にまとめる。すなわち、全体の要約をする。また、自分の意見や主張、提言を述べ、今後の課題の解決のため、必要な展望を示して帰結する。この場合、基本的には「5W1H」、すなわち、「Who（だれが）」「When（いつ）」「Where（どこで）」「What（何を）」「Why（なぜ）」「How（どのようにしたか）」、データを整理しながら説明していく必要があることは前述したとおりである。

　なお、研究の過程でお世話になったり、協力してくれたりした人たちに対する謝辞は「結論」のあと、「付記（おわりに・あとがき）」のなかで最後に書けばよい。

●その他の展開方法

　本文の執筆にあたり、四段階法と五段階法という書き方もある。これは元々は中国の漢詩から学んだ論法といわれている。

　具体的には、まず四段階法は「起・承・転・結」、すなわち、「起」とは前提、あるいはまえがきで、この第一句である「起」を受け、「承」へと発展させて説き、広げる。また、「転」とは展開で、この「起」および「承」について視点を変え、説き広げることである。そして、最後に「結」で自分の意見や主張、提言を述べ、結論として結ぶという論法である。

　もっとも、この四段階法も、「起」は三段階法の「序論」、「承」および「転」は「本論」、そして、「結」は文字どおり、「結論」にそれぞれ対応する論法であるため、三段階法を応用した論法ということができる。

　これに対し、五段階法はこの四段階法をさらに発展させ、「起・承・転・叙・結」の順で論述する。

　具体的には、「起」とは前提、すなわち、まえがき、「承」とは発展、すなわち、説き広げ、「転」とは展開、すなわち、角度を変えて展開し、「叙」で新しい材料などによる論で補強し、「結」で主張し、結論として結ぶという論法である。

　しかし、この五段階法についても、「起」は「序論」、「承」「転」「叙」は「本論」、「結」は「結論」ということになるため、前述した三段階法を複雑、かつ詳述にしたものとみることができる。

　ただし、このような四段階法や五段階法は修士論文や博士論文などの大論文で用いられる手法であるため、学士論文である卒論の場合、基本的には三段階法である「序論・本論・結論」の順に書けば十分である。くわしくは後述するが、いずれにせよ、このように論文を段階に区切ると単に読みやすくなるというだけでなく、書き手である本人

にとっても、頭のなかで整理しながら執筆することができる。しかも、正確に、かつ論理的に自分の意見や主張、提言を読み手に伝達することができる、ということでは重宝な論法ではある。

● **推敲、吟味を重ねる**

　卒論を書くといってもこの段階ではまだ下書きで、構造的に組み立てられているかどうか、考えることが重要である。もっとも、最初から完成品を望むのは無理である。このため、全体のデザインはその後、繰り返し修正しながら完成品に近づけていくことが必要である。

　具体的には、目次に従い、各項目別に箇条書きにして整理し、全体のつながりに問題がないかどうか、検証する。この全体のデザインが出来上がれば、いよいよこれに肉付けをして文章化することになる。いわば下書きである。

　しかし、これを終えてもしばらく間を置き、その間に何度も全体のデザインと比較対照しながら推敲し、全体の流れや論理的な運びに問題がないか、また、概念や沿革、時代背景、政策動向などの引用の方法に問題がないか、さらには段落の切り方や接続詞、形容詞の使い方に問題がないか、誤字や脱字がないかなどを入念にチェックする。

　それだけに、これらの作業は決して単に気持ちを整理するというだけでなく、他人の目で自分の卒論を読んでみる、という評価の作業というべきである。その結果、文章構成的にまとまっており、かつ論理的にも問題がなければ指導教員にチェックしてもらう。

　そして、卒論がほぼ出来上がったら全体を総点検し、その評価を問うという作業を行う。なぜなら、卒論などの学位論文や学術論文は本来、すでに先学によって示されている知的な資産と、論者が新たに何らかの内容として創造した部分で構成されるべきものだからである。このため、この学問的な創造の部分と既存の部分が明確に区別されて

いるのかどうか、吟味する必要がある。

　具体的には、まず文献の引用を正確に行っているか、また、それに対応し、自分の意見や主張、提言が明確になっているか、一つずつ丁寧にチェックしていく。その結果、過去の研究成果がどれほど奥深くすぐれているか、さらに、それと同時に、自分の意見や主張、提言などの学問的な創造性がいかに不足しているか、思い知らされるのが関の山である。

　しかし、だからといって落胆することはない。仮にほんのわずかの成果しかなかったとしても、卒論を書き上げたことにより、今までの自分と比べ、一回りも二回りも大きくなったはずである。

　なお、英語で卒論を書く場合、図表4－8の様式に従えばよい。このうち、卒論の「Body」である「序論」「本論」「結論」は、「Chapter 1」で「Introduction」として「第1章　序論」とする。

図表4－8　英語による卒論の様式

```
Cover page（表紙）
Contents（目次）

Preface（序文）

Body（①序論②本論③結論）  Chapter 1  Introduction  （第1章　序論）
                            Chapter 2  ────────  （第2章　本論）
                              2.1      ────────  （　第1節……）
                              2.2      ────────  （　第2節……）
                               ⋮
                            Chapter 3  ────────  （第3章　結論）

Acknowledgments（付記＝謝辞）
Appendix（付録＝資料）
Reference（参考文献）
```

そのうえで、「Chapter 2」で「第2章　本論」とし、以下、具体的に「2.1」で「第1節」、「2.2」で「第2節」と書き続け、最後に「Chapter 3」として「第3章　結論」とする。

● **提出前の注意点**

　さて、卒論が無事に完成したら、提出する前にもう一度よく見直しをする。

　具体的には、文字や語句に間違いはないか、また、文章や文意に誤りはないか、さらにはページの入れ替えや図表に付した追番号の打ち方に間違いはないか、などの点検を行う。そして、万全であれば、最後にプリントアウトし、製本して大学に提出することになる。できれば自分用の製本をもう1冊作っておくとよい。なぜなら、口述試験（面接試問）のときに役立つし、将来、自分の学生生活を振り返る意味でも重要だからである。

　卒論を提出する際は、製本した卒論および論文要旨（通常、A4サイズの所定の用紙で1枚程度）（例4-9）、題目届受領書（題目届控）、その他の決められたものを忘れないようにする。また、提出した証拠として、その場で受領書をもらうようにする。

（4）発表・プレゼンテーション

● **卒論発表会への心得**

　ところで、4年次の2～3月に卒論発表（報告）会がある場合、卒論および論文要旨を持参して10～15分程度発表し、他のゼミ生や後輩の在学生、場合によっては指導教員以外の教員や大学院生からの質問に答えたり、意見を聞いたりすることになる。その場合でもすべて指導教員に相談し、就職したのちの課題として参考にすれば問題はな

例4−9 論文要旨（例）

動物が人に与える癒し効果の実証
〜アニマルセラピーの可能性〜

012345　N・H

　動物を飼ったことのある人ならわかるだろうが、動物は温かく、柔らかく、かわいくて癒(いや)される。そうした動物を飼い、現在、癒されている人は多いはずである。もはやペットはただの動物ではなく、家族の一員と言われて久しい。

　実際に毎日生活を共にする家族であることは確かで、愛情がわからないほうがおかしい。動物は話せないだけに心のコミュニケーション度が非常に高い。言葉ではなかなか届かない心の奥をやさしく温めてくれる。

　そこで、この動物の癒しの効果、つまりは『アニマルセラピー効果』が社会的にどれだけ実証され、受け入れられているのかを実態調査して検証するとともに、これから迎えようとする超高齢社会に強い味方となるべく、アニマルセラピーをもっと幅広く進めていくための課題や問題を研究した。

　アニマルセラピーによる癒しの効果については、CAPP（動物介在活動）を行っている老人ホームでのアンケートとインタビュー、自らの体験の結果、何よりも動物と触れ合う人々の笑顔から明らかだった。しかし、日本でのアニマルセラピー研究はまだまだ日が浅くて試行錯誤の段階であり、問題や課題がたくさんある。日本でのアニマルセラピーは「癒し」の効果としては語られるものの、まだ科学的な解明が進んでおらず、客観的に評価することが難しく、治療として行うまでには確立されていない。

　しかし、今後、真のアニマルセラピーを確立するためには、医療としても対応し得る新しい体制の構築と専門家としてのアニマルセラピストの育成が必要である。それにはさまざまな病気や障がいについて経験豊富な医師をはじめ、看護師、理学療法士、作業療法士、動物にくわしい獣医師、訓練士などによる多様な専門家のチームワーク、その核となる

アニマルセラピストの存在、さらには人や動物の福祉に関心のある学生やボランティアもチームの一員として欠かせない。こうした異なる専門家が互いを信頼し、大胆なチームワークをとることがアニマルセラピーの発展を促すことになる。

　また、アニマルセラピーは人の癒しの効果について美談的に語られるが、動物たちへの配慮がないがしろにされることもある。アニマルセラピーは動物の存在があってはじめて成立する。このため、動物側に立った視点や動物の福祉についてもっと目を向ける必要がある。そして、人と動物が互いによきパートナーとなり、共に歩む社会の構築をめざすべきである。

い。

　なお、卒論発表（報告）会はすべてのゼミが一堂に会して行う場合、また各ゼミが日時と場所を任意に設定して行う場合があるが、司会やタイムキーパー、書記を依頼されたら積極的に協力したい。

● **プレゼンテーションの方法**

　プレゼンテーションでは、上述したように卒論および論文要旨を必要な人数分コピーし、配付して行えばよいが、パネル写真やフリップ、ビデオ、スライド、あるいはパワーポイントを交じえたりすればより効果的である。もっとも、そのためには事前にトレーニングするとともに、遅くとも発表当日の前までにゼミ仲間などの協力を得てテストを繰り返し、間違っても司会進行の妨げにならないよう、機器の操作は迅速に行いたい。

　いずれにしても、このような発表やプレゼンテーションに備えるためにも、学内の学会や在籍する大学で全国的な学会が開催される場合、司会の補助やタイムキーパー、書記、あるいは来場者の受付などを経験し、場慣れしておくと物おじしなくて済む。

Step 4 福祉の卒業論文の書き方

卒業論文参考例

○○○○年度卒業研究

日本における
社会保障の持続可能性への展望

〜少子高齢社会および人口減少のピークとなる
2065年に向けて〜

○○大学○○学部○○学科
学籍番号　　○○○○○
氏　　名　　○○○○○
指導教員　　○○○○先生

目次

Ⅰ 序論 研究の動機と目的および方法
1．研究の動機と目的
2．研究の方法

Ⅱ 本論
第1章 社会保障の意義と役割
1．意義
2．役割
第2章 社会保障の概念と機能
1．概念
2．機能
第3章 社会保障の現状と課題
1．少子高齢社会と人口減少
2．社会保障の財政状況と給付

Ⅲ 結論 社会保障再生への展望
1．社会保障の意義の再確認
2．概念の見直し
3．機能の財源の確保

謝辞
参考文献

Ⅰ　序論　研究の動機と目的および方法

１．研究の動機と目的

　日本の社会保障は、日本が第二次世界大戦（アジア太平洋戦争）で敗戦し、国内で約230万人もの犠牲者を出したといわれる惨禍、およびインドネシアやフィリピン、ミャンマーなどアジア諸外国にも過大な犠牲や損害を与えた侵略行為を反省し、かつこれを教訓に戦後、国民主権、基本的人権の尊重、平和主義を三大原則とする日本国憲法を制定、官民一体となって戦争国家から平和・福祉国家へと転換すべく、政治・経済・社会の発展を遂げ、国民皆年金および皆保険体制の確立などを通じ、その整備・拡充が図られてきた。

　しかし、戦後間もないころ、50歳前後だった平均寿命は80歳から90歳へと延び、「人生100年時代」を迎え、健康寿命に関心が集まるなか、少子高齢化の進展や長引く景気の低迷、経済のグローバル化の半面、年金、医療、介護、子育てなど、国民の生活全般の不安の除去として社会保障に対するニーズが高まっている。このため、政府は橋本政権時代、「政府六大改革」の一つとして社会保障構造改革を提唱、1986（昭和61）年、全国民共通の基礎年金、1989（平成元）年、消費税をそれぞれ導入するとともに、1990（平成２）年、老人福祉法など社会福祉八法を改正、施設福祉から在宅福祉、また、これらの制度・政策主体を国から地方へとシフトして地域福祉を推進、年々膨れ上がっている社会保障給付費を抑制し、少子高齢社会および人口減少がピークとなる2065年に向け、その持続可能性が危ぶまれている昨今である。

　そこで、本卒論ではこのような社会保障の意義や役割、概念、機能を再検証するとともに、その財源として国民が負担している税金や保険料の収支および政策の現状を把握したうえ、課題を提起し、少子高齢社会および人口減少がピークとなる2065年に向け、その持続可能性のための展望を示すことを研究の動機と目的にした。

2．研究の方法

　本研究では、本格的な少子高齢社会および人口減少を迎える2065年においても社会保障が持続可能となるよう、国民の自立と連帯のもと、日本国憲法第25条第1項に定める国民の生存権の保障、および同2項にいう政府および自治体の社会保障的義務の履行に新たな意義としてのナショナルミニマム（国家最低生活保障）をローカルオプティマム（都道府県最高生活保障）、さらにはコミュニティマキシマム（市町村最高生活保障）にステップアップすべく、所得の再分配、対米従属および政官財の癒着による公共事業などの歳出の見直しを通じ、社会保障の持続可能性を図るべきではないか、との仮説を設定した。そのうえで、社会保障に関わる先行研究の検索をはじめ、内閣府や厚生労働省、財務省など政府の公式ホームページ、関係白書、新聞などを検索する方法を採った。

　また、社会保障の給付を受けている利用者やその対象者の意見を聴取するため、論者が委員を拝命した東京都北区介護保険運営協議会や同地域包括支援センター運営協議会、東京23区における指定管理者候補者選定委員会における審議や関係施設の職員や利用者、およびNPO法人ニホン・アクティブライフ・クラブ（NALC：本部・大阪市）の80歳代の会員約1,000人に対するアンケート・インタビュー、さらには論者が10年前から東京都武蔵野市で毎週土・日曜日に主宰、年金や介護、地域福祉などをテーマに開講している地域サロンのミニ講座、武蔵野、西東京両市で開催した対話集会の参加者の意見聴取、過去30年にわたり視察したスウェーデンやデンマークなど関係諸国の政府および自治体、施設、病院などの視察の結果も参考に考察する方法を採った。

Ⅱ　本論
第1章　社会保障の意義と役割
1．意義

　社会保障の源流は、絶対王制など封建体制から資本主義体制へ移行しつつあった1601年、イギリスのエリザベス一世によって制定された救貧法、いわゆるエリザベス救貧法で、それまでの国際社会は古代ギリシャ・ローマ時代の都市国家（ポリス）における下層市民に対する救済事業、その後、中世のイギリスやフランス、ドイツなどヨーロッパ諸国におけるキリスト教徒による貧困者などに対する教区ごとの慈善事業、および強制労働と労役場（ワークハウス）への収容による劣等処遇が中心であった。もっとも、年金や医療、労働災害（労災）、失業など国民の生活全般の不安を除去する社会保障として制度化されたのはその後、300年以上ものちの1935年、アメリカで制定された社会保障法である。

　当時、世界恐慌と第二次世界大戦への参戦の真っただ中にあったルーズベルト大統領は1880年代、ビスマルク王朝時代、ドイツで導入された社会保険を参考に、戦時経済によって生活全般に不安を訴えるアメリカ国民のため、公共投資によって雇用創出を図るニューディール政策にからめ、世界で初めて社会保障法を制定したのであった。

　ただし、その内容は年金が中心で、医療や介護、労災、失業など今日のような社会保障に体系化された制度は1938年、ニュージーランドで法制化された社会保障を待たなければならなかった。

　その後、現代のような社会保障が諸外国に整備される端緒となったのはイギリスをはじめ、フランスやドイツ、アメリカなど先進国で、それまでの封建体制に変わり、資本主義体制が確立した1941年、ルーズベルトとイギリスのチャーチル首相が社会保障を「人類の最も深く、かつ普遍的な願望の一つ」と呼びかけた「大西洋憲章」、および国際連合（国連）の1942年のILO（国際労働機構）の論文「社会保障

への途」、1944年、社会保障の基本原則に関する「フィラデルフィア宣言」、1948年の「世界人権宣言」[1]、およびILOが1952年に採択した「社会保障の最低基準に関する条約（第102号条約）」[2]によるところが大きかった。

とりわけ、この第102号条約の場合、社会保障の概念について、貧困、疾病、無知、不潔、無為のいわゆる「五つの巨人（悪）」に対し、医療・疾病給付、失業給付、老齢給付、業務災害給付、家族給付、出産給付、廃疾給付、遺族給付の九つとしたことは国際社会に大きなインパクトを与えた。とりわけ、これらの先進国においてはすべての人々の基本的人権をそれぞれの国家の責任の名のもとで尊重するため、国民であればだれにでも社会保障、すなわち、医療をはじめ、疾病や失業、老齢、業務災害、家族、出産、廃疾、遺族などの給付が保障される権利を持つ政府および自治体の制度・政策として明言されたからである。

これに対し、日本の場合、古来、インドや中国より伝来の仏教や儒教を受け、国民に対し、農作業や冠婚葬祭など日常生活を通じた自助や互助を中心としていた。また、中世では僧侶など宗教家が慈善事業に取り組んだほか、聖徳太子が大阪市の四天王寺に四箇院[3]を設け、貧困者や高齢者、病弱者、孤児などを保護した。さらに近世に入り、江戸幕府や地方の各藩が領民のため、養生所[4]や御救小屋などを設置し、救貧事業に取り組んだ。

その後、明治維新を迎え、資本主義体制となって以来、第二次世界大戦で敗戦するまでの間、東アジア諸国などに対し、さまざまな侵略戦争を行った日本軍国主義の悔恨と数百万人にも上る内外の犠牲者の

1　世界のすべての人民と国が達成すべき基本的人権について宣言したもの。
2　日本は各国よりも大幅に遅れ、1976年に批准した。
3　敬田院、施薬院、療病院、悲田院の四つからなる救済施設。
4　診療所。東京・小石川養生所が有名。

鎮魂、本土が焦土と化した惨禍への反省、および戦後処理の一環としてGHQ（連合国軍最高司令官総司令部）の政府および自治体に対し、社会保障的義務を命じた「社会救済に関する覚書（SCAPIN第775号）」、さらに、ドイツのワイマール憲法[5]およびイギリスの経済学者、ベヴァリッジが1942年、同国の再生のために提出した「ベヴァリッジ報告」[6]を踏まえ、戦争国家から平和・福祉国家への転換、および恒久平和への国際貢献のため、努めるむねを宣言し、1946（昭和21）年に公布、施行した日本国憲法第25条で国民の生存権および国および自治体の社会保障的義務を定めた。

したがって、国民主権、基本的人権の尊重、平和主義を三大原則とする日本国憲法のなかで年金や医療、労災、失業など国民の生活全般への不安に対し、社会保障として政府および自治体が取り組むことになったことは欧米、オセアニアなど先進国に遅れたものの、画期的であった。

2．役割

次に、社会保障の役割だが、政府および自治体によりすべての国民に対し、生涯にわたり健康で文化的な最低限限度の生活の維持・安定の確保を図るべく、年金や医療、労災、失業、さらにはその後、新たなニーズとして浮上してきた介護や子育てなど、国民の生活全般にわたる不安を除去するため、社会保障を整備・拡充する制度・政策は日

---

5 第一次世界大戦によって崩壊した帝政ドイツに代わり、誕生したワイマール共和国が1919年、制定したドイツ国憲法。自由権が支配的だった近代憲法に対し、国民の自由権や基本的人権の尊重などの社会権を重視した現代憲法に変え、その後の各国の憲法の規範となった。
6 「揺り籠（かご）から墓場まで、全国民のために」のスローガンのもと、均一の社会保険料の拠出を原則とし、かつすべての国民のナショナルミニマムの権利とする生存権を保障すべく、社会保障を制度化し、伝統的な救貧法を権利としての社会保障に転換させた。

本国憲法第25条第1項で定める国民の生存権[7]に対する保障、すなわち、ナショナルミニマム（国家最低生活保障）という意味で高く評価することができる。

なお、これに関連し、国家の政治・経済・社会が資本主義体制から社会民主主義体制、さらには社会主義体制へと進化してはじめて国民の生存権の保障などにかなうとするマルクス経済学的な視座もあるが、現在のロシア（旧ソビエト社会主義共和国連邦）や中国などの現状をみる限りきわめて懐疑的である。なぜなら、キューバなど一部を除けば、これらの国は日本が資本主義体制であるため、必要な情報が十分共有されていない側面が否めないとはいいながらも、現状を見る限り社会民主主義体制、資本主義体制のいずれの諸外国よりも見劣りするといわざるを得ないからである。

いずれにしても、社会保障の一層の整備・拡充のためには単に政府および自治体による公助としての制度・政策だけでなく、国民の自立と連帯にもとづくボランティアやNPO法人（特定非営利活動法人）、事業者による自助や互助、さらには共助としての事業・活動も望まれることはいうまでもない[8]。なぜなら、そこに少子高齢社会および人口減少が2065年にピークとなっても社会保障の持続可能性が約束されるからである。

7　日本国憲法第25条第1項「すべて国民は、健康で文化的な最低限度の生活を営む権利を有する」。なお、同第2項で「国は、すべての生活部面について、社会福祉、社会保障及び公衆衛生の向上及び増進に努めなければならない」と定める「国」は自治体も含まれると解されるのが通説である。

8　川村匡由『地域福祉源流の真実と防災福祉コミュニティ』大学教育出版、2016年、川村匡由『防災福祉のまちづくり』水曜社、2017年

第2章　社会保障の概念と機能
1．概念

　社会保障の概念は1950（昭和25）年、政府が社会保障制度審議会から出された"「ベヴァリッジ報告」の日本版"といわれる「社会保障制度に関する勧告（50年勧告）」、および「世界人権宣言」の基本精神[9]を受けて行われた。

　具体的には、社会保険は年金保険、医療保険、労働者災害補償保険（労災保険）、失業保険（現雇用保険）、公的扶助（生活保護）、社会福祉は高齢者福祉、障がい者福祉、児童（家庭）福祉など、公衆衛生は結核・精神病・麻薬・伝染病・上下水道・廃棄物処理および医療、恩給は文官恩給・旧軍人恩給など、戦争犠牲者援護は戦没者遺族年金など、住宅対策は公営住宅建設など、雇用対策は失業対策事業などの関連制度からなる概念とした。

　その後、1976（昭和51）年に批准したILOの第120号条約に示された最低基準を踏まえながらも、少子高齢化の進展が顕著となった1995（平成7）年、社会保障審議会（旧社会保障制度審議会）から出された「社会保障体制の再構築〜安心して暮らせる21世紀の社会をめざして〜（95年勧告）」を受け、政府を中心とした社会保障から自治体および国民の自助や互助による社会保障とするとともに、施設福祉から在宅福祉、さらには地域福祉へ、また、国家財政の逼迫を受け、民営化を図るべく、2000（平成12）年の介護保険制度、2008（平成20）年の後期高齢者医療制度などを創設し、現在に至っている。そして、このような社会保障は最広義の概念とされている（図表1）。

9　「世界人権宣言」前文の骨子「社会の各個人及び各機関が、この世界人権宣言を常に念頭に置きながら、加盟国自身の人民の間にも、また、加盟国の管轄下にある地域の人民の間にも、これらの権利と自由との尊重を指導及び教育によって促進すること並びにそれらの普遍的かつ効果的な承認と遵守とを国内的及び国際的な漸進的措置によって確保することに努力するように、すべての人民とすべての国とが達成すべき共通の基準である」（日本政府仮訳文）。

図表1　社会保障の概念

最広義	広義	狭義	社会保険（年金保険、医療保険、労災保険、雇用保険、介護保険）
			公的扶助（生活保護） 社会福祉（高齢者福祉、障害者福祉、児童福祉等）
			公衆衛生（結核・精神病・麻薬・伝染病・上下水道・廃棄物処理等）および医療（高齢者医療制度等）
			恩給（文官恩給・旧軍人恩給等）
			戦争犠牲者援護（戦没者遺族年金等）
			関連制度：住宅対策（公営住宅建設等）・雇用対策（失業対策事業等）

出典：川村匡由編著『社会保障（第5版）』ミネルヴァ書房、2009年、5頁を修正

　ただし、このような社会保障の概念も時代や研究者によって異なるため、国際的に統一されたものはないものの、人類の普遍的な権利として、また、それぞれの国家の責任として社会保障が実体化され、持続可能性を追求していく必要があることに変わりはない。

　なお、政府は生活保護について雇用政策、社会保障に次ぐ「第三のセーフティーネット」としている。これは公的扶助としての生活保護は救貧対策であるのに対し、年金保険、医療保険、労災保険、雇用保険、介護保険からなる社会保険は防貧対策であることをいいたいのではないかと思われるが（図表2）、生活保護は国民の生存権を保障するベーシックなものであるため、「第一のセーフティーネット」というべきで、生活保護の適正化政策を誘導するものであると考える。

図表2　生活保護の位置づけ

第三のセーフティーネット	生活保護
第二のセーフティーネット	社会保障
第一のセーフティーネット	雇用政策

出典：論者作成

2．機能

　ところで、社会保障の財源は国民が毎年度、それぞれの費用負担能力に応じ、政府に納入する税金と保険料を基本としている。これに対し、給付は公的扶助（生活保護）など一部を除き、それぞれの要件を満たし、かつ費用負担能力などに応じて行われることになっている。もっとも、介護保険の場合、給付に対する自己負担は一律１～３割という応益負担となっている。これに対し、国民健康保険の保険料は応益負担と応能負担を併用している。

　これに関連し、社会保険の財政は短期間で収支の均衡を図る賦課方式と長期間で収支の均衡を図る積立方式の二つを併用している。このうち、前者は医療保険や労働保険であるのに対し、後者は年金保険であるが、年金の給付額は当年度の保険料を財源とする賦課方式と保険者が将来の年金を受給するため、毎年度、積み立てていく積立方式を併用しているため、修正積立方式[10]を採用している。

　いずれにしても、このように社会保障の機能は国民が個人の責任では対応が困難な年金や医療、労災、失業、介護、子育てなど福祉その他等に対し、政府と国民との社会契約を通じ、税金や保険料を財源に、国民主権や基本的人権の尊重、平和主義からなる日本国憲法の三大原則のもと、その生存権の保障のため、所得の再分配により政府が必要な給付を行っている。すなわち、政府は国民が毎年度納入する税金や保険料を財源に貧困層や低所得層、中間所得層、高所得層、富裕層の間における垂直的再分配および同一の所得層や世代間における水平的再分配を通じ、社会保障の整備・拡充を図り、社会保障に対するニーズを充足するとともに、さらに充実させて国民の消費需要を呼び起こし、ビルトイン・スタビライザー（自動安定化装置）を通じ、政

10　政府は近年、修正積立方式を賦課方式と言い換えているが、その背景には少子高齢社会の到来に伴い、財源の確保に汲汲としているため、国民の負担を強調するあまりの方便にすり替えていることに要注意すべきではないか。

治・経済・社会の安定を図ることにねらいがある。

第3章　社会保障の現状と課題
1．少子高齢社会と人口減少

　そこで、このような社会保障の財源の負担と給付の現状および今後の見通しだが、前者の場合、高齢化率は1970（昭和45）年、7.1％に達し、日本も高齢化社会を迎えたものの、その後、年々上昇し、2018（平成30）年、27.7％に到達するなど諸外国にみられない急速、かつ深刻な少子高齢社会および人口減少を迎えている。しかも、このままでは2065年、38.4％に達するものと推計されている（図表3）。

図表3　高齢化の推移と将来推計

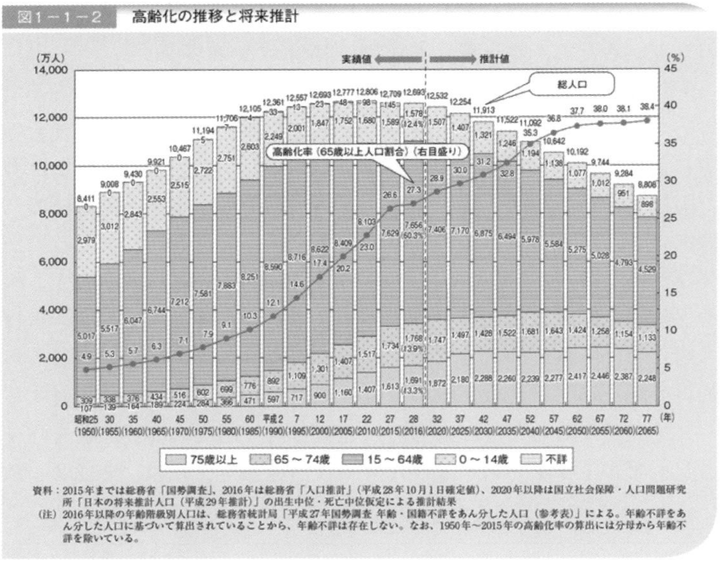

出典：内閣府『高齢社会白書（平成29年版）』2018年

一方、合計特殊出生率は晩婚化や非婚化、女性の職場での冷遇も加わり、第一次ベビーブーム期を終えた1950（昭和25）年以降、急降下、その後、第二次ベビーブーム期を迎え、2.1台で推移したものの、2005（平成17）年、過去最低の1.26に急減、2013（平成25）年、1.43と微増したものの、フランスなど欧米やオセアニア諸国と比べ、なお低い水準にとどまっている。しかも、このような傾向は今後も続き、このままでは国民の2.6人が65歳以上の高齢者、うち、75歳以上の後期高齢者は25.5％と国民の4人に1人になる半面、15〜64歳の生産年齢人口の現役世代は同1.3人となる見込みである。

　それだけではない。2010（平成22）年現在、約1億2,806万人の総人口は2030年、1億1,662万人、2060年には9,913万人と全体の約4分の1も減少し、世界屈指の本格的な少子高齢社会および人口減少になるものと予想されている（図表4、図表5）。

図表4　日本の人口構造の推移と見通し

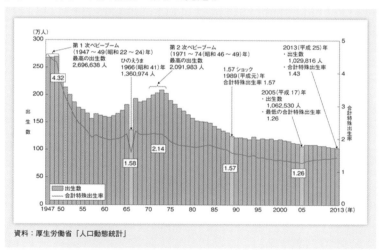

資料：厚生労働省「人口動態統計」

出典：内閣府『少子化社会対策白書（平成27年版）』2015年

図表5　主な国の合計特殊出生率の動き（欧米）

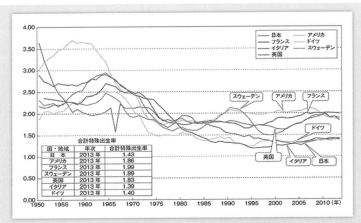

出典：内閣府『少子化社会対策白書（平成27年版）』2015年

2．社会保障の財政状況と給付

　これに対し、後者、すなわち、2015（平成27）年現在、同114兆8,000億円となっている社会保障給付費はその反動として今後、ますます自然増となる見込みである。

　このうち、年金は同54兆9,000億円、医療は同37兆7,000億円、介護などの福祉その他は同22兆2,000億円となっており、従来と同様、年金、医療、介護など福祉その他の給付が大半を占めている傾向は今後も変わらず、少子高齢社会および人口減少がピークとなる2065年にかけ、年金、医療、介護、子育てなど福祉その他の割合はさらに増大するものと予想される。

　そこで、政府はこれに先立ち、1983（昭和58）年、老人保健法を制

定、老人医療費の無料化を廃止したのをはじめ、1986（昭和61）年、国民年金を全国民共通の基礎年金とする年金改革を断行、国民年金の保険料の納入を義務づけた。また、1989（平成元）年、消費税を導入したほか、以後、「高齢者保健福祉推進十か年戦略（ゴールドプラン）」など福祉三プラン、および老人福祉法等社会福祉関係六法を順次改正、国から地方への措置権の移譲や施設福祉から在宅福祉および地域福祉の推進、民営化、さらに、1995（平成7）年の「社会保障体制の再構築（勧告）〜安心して暮らせる21世紀の社会をめざして〜」を踏まえ、「社会保障と税の一体改革」を実施し、その後、3〜8％に引き上げられた消費税を2019年10月、10％に再度引き上げることにしている。

このほか、2000（平成12）年、介護保険制度を創設、40歳以上のすべての国民に対し、保険料の納入を義務づけるとともに、「要支援1〜2」は予防給付、「要介護1〜5」は介護給付によるサービスが提供される。また、2008（平成20）年、後期高齢者医療制度を導入し、75歳以上の高齢者からも保険料の納入を義務づけた半面、医療費の自己負担を1〜3割とするなど、負担の重度化の半面、給付の縮減を相次いで実施している。この結果、財政力指数はもとより、社会資源に恵まれた東京、大阪、名古屋の三大都市圏に人口が集中する一方、財政力指数の低い地方においては市町村合併を強いられ、無医地区の問題が一向に解決されず、「保険あってサービスなし」といった問題まで起きている[11]。

また、介護老人保健施設および介護療養型医療施設の入所・入院は3か月までとするなど在宅療養・介護にシフトするとともに、特別養護老人ホームなどに代わり、有料老人ホームやサービス付き高齢者向け住宅（サ高住）、企業主導型保育所などの建設を奨励するなど民営

11　川村匡由編著『市町村合併と地域福祉』ミネルヴァ書房、2007年、川村匡由編著『地域福祉の原点を探る』ミネルヴァ書房、2008年

化を奨励している。これが一連の社会保障構造改革および社会福祉基礎構造改革の実態だが、人件費の抑制のため、介護職員の平均月収は全産業よりも約10万円も低額なため、人材の確保や定着化が困難で満床に至っていなかったり、利用者に対する身体拘束などの問題を起こしたりしている有様である。

　それだけではない。政府は財務省の諮問機関の財政制度等審議会に対し、2016〜2018（平成28〜30）年度までの3年間で年間約6,300億円増となる社会保障給付費の自然増を同5,000億円に抑えるべく、2018（平成30）年、医療法および介護保険法を改正、診療報酬と介護報酬の同時改定をはじめ、地域包括支援センターの強化、介護医療院および共生型サービスの創設、総報酬制および高額所得層の3割負担の導入、生活保護のさらなる見直し、厚生年金の支給開始年齢の75歳への引き上げなどについて審議を諮問している。

　しかし、その一方で日本銀行の金融緩和および安倍政権の「成長戦略」など、いわゆるアベノミクスによるデフレ経済からの脱却が見通せないなか、政財官の癒着による公共事業を復活させるべく、赤字国債を乱発している。このため、国および地方の債務残高は2017（平成29）年現在、約1,000兆円に膨張、年金水準は将来、現役時代の給与の60％を維持できないおそれもあるなど混とんとしている。

　現に、2016（平成28）年度の一般会計予算の総額は約96.7兆円であるが、うち、歳出は国債や地方交付税交付金、社会保障関係費で全体の7割超を占めている。これに対し、税収は約58兆円と一般会計予算における歳入の約6割弱にとどまっており、残る4割弱は将来の世代の負担となる借金財政となっている（図表6）。

図表6　2016年度の一般会計予算

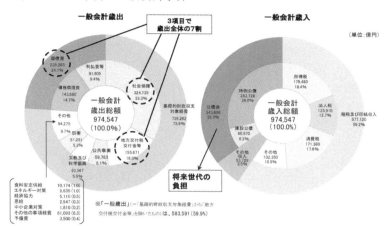

出典：財務省ホームページ：https://www.mof.go.jp/budget/bundger_workflow/account/fy2016/ke2911b.html　2018年4月28日検索

　なお、政府の予算にはこのほかに特別会計があり、その額（歳出）は同年度、総額約403兆9,000億円に上っているものの、社会保障給付費は同65兆8,000億円と抑制されている。

Ⅲ　結論　社会保障再生への展望

1．社会保障の意義の再確認

　そこで、最後に本卒論の結論として、少子高齢社会および人口減少が本格化する2065年においても社会保障の持続可能性を図るべく、その再生のための展望をしたい。
　まずその第一は、社会保障の意義の再確認である。前述したように、社会保障は政府および自治体が国民が毎年度負担する税金や保険料を財源に年金、医療、介護、子育てなど福祉その他の給付を行い、

国民主権や基本的人権の尊重、平和主義を三大原則とする日本国憲法にもとづき、国民の生存権を保障する制度・政策である。このため、社会保障はどのような政治・経済・社会の動向にあっても揺るぎのない持続可能性を図るべきである。

具体的には、社会保障に対する年金や医療、介護、子育てなど福祉その他等、国民の生活全般への不安を除去するため、ナショナルミニマムからナショナルオプティマム（国家最適生活保障）、ナショナルマキシマム（国家最高生活保障）へ、また、社会保障の制度・政策主体も政府から都道府県、市町村へ、ローカルミニマム（都道府県最低生活保障）からローカルオプティマム（都道府県最適生活保障）、ローカルマキシマム（都道府県最高生活保障）へ、コミュニティミニマム（市町村最低生活保障）からコミュニティオプティマム（市町村最適生活保障）、あるいはコミュニティマキシマム（市町村最高生活保障）へと移行して地方分権化、さらには資本主義体制からスウェーデンやデンマークなど北欧諸国と同様の社会民主主義体制へと移行し、集権国家から分権国家に転換し、名実ともの福祉・平和国家を構築すべきである。

ただし、年金や医療、介護、子育てなど福祉その他は今後も政府および自治体が制度・政策主体として努めるものの、その実践場面ではそれぞれの地域特性や社会資源、ソーシャルキャピタル（社会関係資本）を踏まえ、市町村レベルで保健・医療・福祉の連携、および地域包括や地域医療、地域福祉として推進すべきであることはいうまでもない（図表7）。

図表7　福祉ニーズと社会保障との関係

	政府主導　→　地方主導			
福祉ニーズ　充実↑↓充足　付加的ニーズ／基礎的ニーズ	ナショナルマキシマム	ローカルマキシマム	コミュニティマキシマム	民間部門＝ボランティア、NPO法人、企業など事業者（自助・互助・共助）　↑　公共部門＝政府、自治体（公助）
	ナショナルオプティマム	ローカルオプティマム	コミュニティオプティマム	
	ナショナルミニマム	ローカルミニマム	コミュニティミニマム	
	政府レベル	都道府県レベル	市町村レベル	

出典：川村匡由著『地域福祉とソーシャルガバナンス』中央法規出版、2007年、18頁を一部修正

2．概念の見直し

　第二は、社会保障の概念の見直しである。

　前述したように、社会保障は1950（昭和25）年、社会保障制度審議会が示した「社会保障制度に関する勧告（50年勧告）」、および1995（平成7）年、社会保障審議会の「社会保障体制の再構築～安心して暮らせる21世紀の社会をめざして～（95年勧告）」を受け、2000（平成12）年、従来の社会保障の概念である年金保険や医療保険、労災保険、雇用保険、公的扶助（生活保護）、社会福祉などに新たに介護保険を包摂し、現在に至っているが、介護保険制度の重点施策とされる居宅介護、地域包括、地域医療および地域福祉の推進の前提となるべき住宅や環境、移動、情報、さらには災害に関わる保障についても社会保障の新たな概念として包摂し、国民主権、基本的人権の尊重、平和主義の三大原則による日本国憲法および国民の生存権から生活権の保障へと止揚すべく、より広義の概念に見直すべきである。なぜなら、多様化、複雑化、高度化している利用者のニーズに応えるにはQOL（生活・生命の質）の向上やワーク・ライフ・バランス（労働と生活の調整）も果たすことが必要だからである[12]。

　具体的には、現在の社会保障の概念に「生活三要素」の衣食住の

住、すなわち、住宅に関わる住宅保障をはじめ、住環境の整備や自然環境の保全に関わる環境保障、年金保険や医療保険、労災保険、雇用保険、介護保険、公的扶助（生活保護）、社会福祉などの給付を受ける際のアクセス権に関わる移動保障、社会保障全体に関わる政府および自治体、社会福祉協議会（社協）やNPO法人、ボランティア団体、企業など関係機関・団体のさまざまな情報の共有、利活用に関わるアクセス権などの情報保障、さらには地震や津波、風水害、火山噴火、原子力災害などに関わる災害保障を包摂し、かつ"縦割り行政"になっている社会保障の実施体制を"横割り行政"に是正することが重要である。

そこで、まず全省庁を総理する内閣府が上述した社会保障のより広義の概念を自覚し、関係予算を外交政策などとともに最優先し、高齢者や障がい者、児童、妊婦、貧困者など社会的、経済的弱者を自立支援するソーシャルワーカーや民生・児童委員など関係機関や団体と連絡を密にし、年金や医療、介護、子育てなど福祉その他を中心に総合行政として推進すべきである。そのうえで、だれでも住み慣れた地域で基本的人権が尊重され、かつ生存権から生活権の保障、さらにはGDP（国内総生産）がアメリカ、中国に次いで世界第3位という経済大国に見合う社会保障の整備・拡充を通じ、その持続可能性を図るべきである。

3．財源の確保

そして、最後に第三は、社会保障の財源の確保である。

上述したように、肝心の政治は戦後の高度経済成長期のごとく政官財の癒着による公共事業、それも土建型公共事業[13]のため、国民の税金を湯水のごとく歳出している。その典型が道路や空港、港湾、ダムなどの土建型公共事業や2011（平成23）年の東日本大震災および東京

12　小川政亮編著『人権としての社会保障』ミネルヴァ書房、1991年、11頁、112頁

電力福島第一原子力発電所事故の被災地の復旧・復興に名を借りた2020年の東京五輪およびJRリニア中央新幹線建設への予算化である。

　また、戦後約70年経った今なお対米従属のなか、憲法改正の発議にもとづく国民投票もせず、官邸主導によって拡大解釈したうえ、野党や多くの国民の反対、疑問の声を封じ、日本国憲法の三大原則である国民主権、基本的人権の尊重、平和主義および専守防衛の国是に反し、集団的自衛権の行使容認や日本の防衛に無関係のアメリカ軍の戦地での自衛隊員の駆けつけ警護などを骨子とする安全保障関連法案を強行採決、GDP（国内総生産）の１％を反故とする防衛費の増額[14]、および在日駐留費用日本側負担（思いやり予算）[15]、さらには宇宙開発費[16]、国会議員の政党交付金[17]などに大盤振る舞いをしている。

　一方、大企業は事業所全体の１割にも満たないにもかかわらず、法人税の減税や多国籍企業化などによって巨額の利益を上げる一方、非正規雇用の導入によって人件費を削減し、総額約378兆円もの内部留保[18]を抱えたままで、その放出による労働者の生活改善や消費需要の拡大に目を背けているのが実態である。

　また、政府も社会保障給付費の全体の約３分の１を占める医療機関

13　2013年度現在、総額約20兆円。群馬県・八ッ場ダムの建設工事はその象徴だが、開門、閉門で訴訟沙汰になっている佐賀県・諫早湾干拓事業、秋田県・八郎潟干拓事業なども「始めに工事ありき」で進められた。

14　安倍政権発足後、「武器輸出三原則」が撤廃され、アメリカよりの戦闘機の購入もあって年間４兆円台に急増した。

15　米兵の労務費や家族の住宅、光熱費、基地内のレストラン、バーなどの娯楽費で、1978年から毎年2,000〜2,500億円。

16　アジア防災のための気象観測や宇宙科学、有人活動、国際宇宙基地建設への参加費などで年間約８兆円。

17　2017年現在、総額約318億円。日本共産党のみ受け取りを拒否した。
　　2017年現在、１人当たり約2,500万円だが、自民党議員の場合、政治献金などもあり、同１億円に上る者もいる。

18　毎日新聞（2016年11月６日）によると、2016年度末現在、総額約378兆円。

における注射漬け・検査漬け・薬漬けなどによる医療費にはメスを入れず、高齢者や障がい者、児童、妊婦、貧困者など社会的、経済的弱者にのみツケを回しているため、このような政官財の癒着による対米従属および政官財癒着の利権誘導型政治を正し、社会保障給付費の自然増の財源に回すべきである。

　ちなみに、国民負担率は2016（平成28）年現在、日本は37.7％であるのに対し、スウェーデンは38.1％、フランスは51.4％、ドイツは39.2％、イギリスは39.8％などとなっている。また、潜在的国民負担率は日本が50.6％であるのに対し、スウェーデンは57.7％、フランスは73.5％、ドイツは52.7％、イギリスは54.2％、さらに、社会保障の負担率は日本が17.8％であるのに対し、スウェーデンは5.7％、フランスは26.9％、ドイツは22.2％などとなっており、福祉先進国に比べ、実はまだまだ不足しているのが実態である（図表8）。

図表8　国民負担率および潜在的国民負担率の国際比較

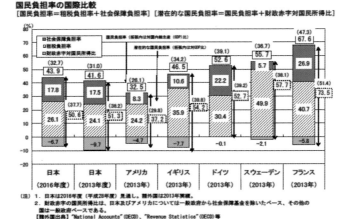

出典：財務省ホームページ：https://www.mof.go.jp/budget/topics/futanritsu/sy2802p.pdf　2018年4月28日検索

このようななか、すべての国民に最低所得保障の現金を給付し、社会保障制度を廃止して不公平感をなくす一方、公共事業を縮減、かつ消費需要を拡大するとし、月額2,500スイスフラン（約27万円）のベーシック・インカム（BI）導入の議論がスイスで提起され、2017年、国民投票が行われた。結果は否決されたものの、同年1月、フィンランドで失業者約2,000人を対象に月額560ユーロ（約6万8,000円）を支給する社会実験に着手、国際社会の注目を集めている。もっとも、新たな制度を導入するため、同年12月で中止することになったが、日本も政治課題の一つとして議論する余地があるのではないか、と考える。

　いずれにしても、日本のGDP（国内総生産）はアメリカ、中国に次いで世界第3位であるにもかかわらず、国民の生活レベルは同27位[19]、幸福度に至っては同46位[20]という体たらくである。このため、多くの国民は格差と貧困の拡大、また、分断社会という現実に対し、地道な地域活動や市民活動などを通じて野党勢力を結集させ、社会保障など国民生活の向上を最優先した政権交代を再現するとともに、世界唯一の被曝国として国際社会に「永世中立」を宣言し、アメリカとの軍事同盟を廃棄し、強力な平和外交と人道援助を展開し、「国際社会において名誉ある地位を占め」るべく[21]、国民一人ひとりがお任せ民主主義から参加型民主主義へと意識改革することが問われているのではないか、と考える。

謝辞

　本卒論の考察および作成にあたり、長年にわたりご指導をいただいた日本社会事業大学名誉教授の故三浦文夫先生はじめ、多くの先学者

19　世界ランキング国際統計格付センターGlobal Note 2013 世界銀行（IBRD）ほか
20　国連「世界幸福（度）ランキング2016年版」2017年
21　日本国憲法前文。

に対して深く感謝したい。

　また、実践場面では東京都北区介護保険運営協議会や同地域包括支援センター運営協議会、指定管理者候補者選定委員会、東久留米市社会福祉審議会、NPO法人ニホン・アクティブライフ・クラブ、地域サロンのミニ講座などの参加者、および欧米やオセアニアなど諸外国の関係機関や施設の視察にご協力をいただいた外務省や現地の大使館、領事館、NGO（非政府機関）などにも深く感謝したい。彼らのご協力なくして本卒論の仕上げはあり得なかったからである。

参考文献

1. 宮澤俊義・芦部信喜補訂『全訂日本国憲法（第二版）』日本評論社、1979年
2. 小川政亮『人権としての社会保障原則』ミネルヴァ書房、1991年
3. 小山路夫・佐口卓編著『社会保障論（新版）』有斐閣、1979年
4. 伊藤周平『介護保険法と権利保障』法律文化社、2008年
5. 川口弘・川上則道『高齢化社会は本当に危機か』あけび書房、1989年
6. 里見賢治・伊東敬文・二木立『公的介護保険に異議あり（増補版）』ミネルヴァ書房、1998年
7. 三浦文夫『社会保障（公務員研修双書）』ぎょうせい、1999年
8. 川村匡由編著『社会保障論（第5版）』ミネルヴァ書房、2009年
9. 川村匡由編著『国際社会福祉論』ミネルヴァ書房、2007年
10. 川村匡由著『介護保険再点検』ミネルヴァ書房、2014年
11. 川村匡由著『人生100年"超"サバイバル法』久美出版、2010年
12. 川村匡由著『社会福祉普遍化への視座』ミネルヴァ書房、2004年
13. 川村匡由著『介護保険とシルバーサービス』ミネルヴァ書房、2000年
14. 川村匡由著『地域福祉とソーシャルガバナンス』中央法規出版、2007年

15. 川村匡由著『地域福祉源流の真実と防災福祉コミュニティ』大学教育出版、2016年
16. 川村匡由・島津淳・木下武徳・小嶋章吾編著『社会保障（第4版）』久美出版、2016年
17. 堀勝洋編『5．社会保障論（第3版）』建帛社、2002年
18. 川村匡由監修著『改正介護保険サービス・しくみ・利用料がわかる本（2018～2020年版）』自由国民社、2018年
19. 厚生省大臣官房国際課監修『海外社会保障動向』ぎょうせい、1989年
20. 社会保障研究所編『スウェーデンの社会保障』東京大学出版会、1989年
21. 福祉デザイン研究所「80歳代高齢者の生きがいの持続的促進とその社会的対応」調査報告書（平成25～27年度　公益財団法人みずほ教育福祉財団研究助成事業）、2016年
22. 国連本部公式ホームページ「国際連合本部」2017年
http://www.unic.or.jp/untour/subunh.htm/　2017年11月20日検索

その6 修士論文と博士論文

●修士の学位の取得方法

　修士の学位を取得するには、福祉系大学を卒業してそのまま大学院に進学し、修士課程（博士前期課程）で学ぶほか、卒業後、ソーシャルワーカーとして経験を積んだあと、大学院の修士課程（博士前期課程）に進学する二つの方法がある。この場合、いずれも、2年間の在籍中、所定の科目の単位を取得して修士論文を書き、学位を取得するのが一般的である。もっとも、大学を卒業後、ソーシャルワーカーとして働きながら夜間の大学院に通学して学位を取得することができるほか、修学が1年という専門職大学院を設置しているところもある。

　また、福祉系以外の学部の大学の卒業生でも会社員や公務員などから、ソーシャルワーカーに転身して福祉系大学院に進学し、所定の科目の単位を取得して修士論文を作成し、合格すれば学位を授与する大学院もある。

　いずれにしても、大学院では入学の資格要件や入試方法、所定の科目の単位の取得、修士論文の提出、審査などについて独自の規定にもとづいて大学院生を受け入れているため、希望者はよく調べて進学を検討するとよい。

●修士論文の題目（テーマ）の選び方と作成方法

　修士論文の題目（テーマ）を決めるうえで重要なことは、指導教員の人選である。福祉系大学を卒業後、そのまま大学院に進学する場合、あるいは社会人を経て福祉系大学院に進学する場合のいずれにせよ、指導教員をだれにするかがポイントとなる。

具体的には、卒論の指導教員、あるいはそれ以外の他大学の福祉系大学院修士課程のホームページを検索し、自分が研究したい領域の教員がいるか調べ、適当な教員が見つかったらその教員にアポイントを取り、入学の資格要件を満たしており、かつ入試に合格した場合、大学院生として受け入れ、指導してもらえるか、相談する。

なお、修士論文の作成は各大学院の執筆要領によるが、一般的には「資料編」などを含め、A4サイズのレポート用紙にパソコンで印字する場合、1枚当たり10.5ポイントで40字×36行（1440字）、1万字前後を目安に作成する。200～400字詰めの原稿用紙を使用する場合も同様の文字数を目安にする。論法は四段階法、もしくは五段階法にもとづき、指導教員の助言を受けて題目（テーマ）および副題を決め、その問題の所在や先行研究の検証、研究の動機・目的、方法、展開・結果、およびそれに対する考察をしたのち、結論として自分の意見や主張、提言を述べて結びとする（図表4－9）。

考察や結論は、大学院に進学して新たにアンケート用紙やインタビューの用紙を作成し、調査をする場合もあれば、現場経験のある者はそれまでのソーシャルワークの体験や実践レポートなどのデータを活用・整理し、その知見を踏まえて考察、結論に導く場合もある。

最後に、修士論文を作成した感想や指導教員、および調査研究に協力してもらった関係者への謝辞を記すとともに、アンケート用紙やインタビューの用紙、参考文献をまとめて「資料編」とし、所定の表紙やファイルで綴じたうえ、主査の指導教員および副査の他の教員の口述試験（面接試問）に臨み、修正などの助言があれば手直しをして製本し、担当部署に提出する。受理されれば学位の授与となる。

提出後、発表（報告）会が設けられる場合もあるが、修士論文を資料集やパワーポイントにまとめ、プレゼンテーションを行って質疑応答に臨めばよい。

● **博士の学位の取得方法**

博士の学位は研究者を志望する場合に取得するため、博士後期課程が設置された福祉系大学院に進学、少なくとも3年間在籍し、所定の科目の単位を所得後、博士論文を作成して提出する。博士の学位を取得したのち、福祉系大学の教員や公的、あるいは民間の研究機関の研究に従事することになる。

なお、博士課程への入学の資格要件だが、基本的には修士の学位を有する、あるいはそれに相当する経験や知見、著作物、学会発表があるほか、外書講読や海外の文献の検索、考察が可能なレベルにあるか、問われることが一般的である。

● **博士論文の作成**

博士論文の作成は修士論文と同様、各大学院の執筆要領によるが、

図表4-9 四段階法または五段階法による修士・博士論文の場合

四段階法	五段階法
起　問題の所在／先行研究の動向	起　問題の所在／先行研究の動向
承　研究の動機・目的、方法	承　研究の動機・目的、方法
転　研究の展開・結果、考察	転　研究の展開・結果＋海外の動向
	叙　考察
結　結論（意見・主張・提言、残された課題）／謝辞／資料編（調査票・参考文献）	結　結論（意見・主張・提言、残された課題）／謝辞／資料編（調査票・参考文献）

出典：筆者作成

一般的には「資料編」などを含め、A4サイズのレポート用紙にパソコンで印字する場合、1枚当たり10.5ポイントで40字×36行（1440字）、2万字前後を目安に作成する。200～400字詰めの原稿用紙を使用する場合も同様の文字数を目安にする。論法は、修士論文と同様、四段階法、または五段階法によって題目（テーマ）および副題を決め、その問題の所在や先行研究の検証、研究の動機・目的、方法、展開・結果、およびそれに対する考察をしたのち、結論として自分の意見や主張、提言を述べて結びとする（図表4－9）。

博士論文の場合、論文の題目（テーマ）を外国語訳し、博士論文を加工した抄録を併記する。また、関係学界への情報提供や共有のため、論文のなかのキーワードを五つ程度、論文の表紙に併記する場合もある。

そのうえで、修士論文と同様、博士論文を作成した感想や指導教員、および調査研究に協力してもらった関係者への謝辞を記すとともに、調査に使用したアンケート用紙やインタビューの用紙、参考文献をまとめて「資料編」とし、所定の表紙やファイルで綴じる。そして、主査の指導教員および副査の他の教員の口述試験（面接試問）に臨み、修正などの助言があれば手直しをし、指導教員の了承を得て製本し、担当部署に提出、受理されれば晴れて学位の授与となる。

また、博士論文についても発表（報告）会が設けられる場合がある。その際、これらの抄録を資料集やパワーポイントにまとめ、プレゼンテーションを行い、質疑応答に臨めばよいことは修士論文の場合と同じである。

なお、所定の科目の単位を取得して博士論文を提出し、口述試験（面接試問）を受けたものの、不合格となっても落胆することはない。なぜなら、自分はどうして学位を取得できなかったか、引き続き指導教員の助言を得たり、自分でこれまでの研究の視点や仮説の設定、方

法に誤りはなかったか、振り返り、博士論文を修正して再度提出したり、他の福祉系大学院の博士後期課程に博士論文を提出、合格して論文博士号を取得する道もあるからである。

　ともあれ、博士の学位を授与されたのち、これをベースにさらに研究を深めれば待望の研究書を単著として出す可能性も出てくる。こうなれば研究の意義や面白さも実感することであろう。

◆

　最後に、福祉系大学や短大、専門学校を卒業後、また、大学院を修了後も指導教員に人生の大先輩として引き続き指導を仰ぐことができれば、二度とない人生をより充実したものとすることができる。なぜなら、指導教員はそのような卒業生や修了生を大歓迎し、親身になって指導にも喜んで当たってくれるはずだからである。

　そして、いずれは指導教員をしのぐソーシャルワーカー、あるいはその高度職業人や研究者、また、社会人として羽ばたき、かつ日本がスウェーデンやデンマークなどの北欧諸国にまさるとも劣らない平和・福祉国家となるよう、その一員として活躍されることを望むものである。

博士論文の表紙、サマリーと目次の参考例

地域福祉計画論
（地域福祉の計画的な推進のための実証的研究）

1999年7月
早稲田大学大学院人間科学研究科
川村匡由

博士（人間科学）学位論文

地域福祉計画論
~地域福祉の計画的な推進のための実証的研究~

Regional welfare planning theory
~Empirical Study for Planned Promotion of Community Welfare~

抄録

　2050~2060年の本格的な少子高齢社会および人口減少を見据え、地域福祉を推進するためには当該地域の特性を把握するとともに社会資源を調達し、住民参加にもとづく公私協働によることが必須である。同時に、そのための財源の確保や社会福祉士、認定社会福祉士などコミュニティソーシャルワークの専門的な理論や技術を有するコミュニティワーカー（CSW）など人材の養成・確保が前提となる。

　また、利用者も高齢者だけでなく、障がい者や児童など福祉ニーズを有するすべての住民を対象とし、自治体はもとより、社協、保健・医療・福祉施設、地域包括ケアセンター、民生委員・児童委員、町内会・自治会、自主防災組織、福祉系大学や短期大学、専門学校、高校、NPO法人や企業など民間事業者による役割分担や機能連携を通じ、平常時はもとより、災害時にも住民による安否確認や見守りによる福祉コミュニティをめざすことが必要である。

キーワード

　地域福祉、住民参加、公私協働、地方自治

目次

第Ⅰ部　序論
1. 問題の所在・先行研究の動向および研究の動機・目的
2. 研究の方法
3. 論文の構成

第Ⅱ部　本論
第1章　地域社会と地域福祉
1. 地域の定義
2. 地域福祉の概念
3. 地域福祉の目的
4. 地域福祉の範囲

第2章　地域福祉の沿革
1. 海外の場合
2. 日本の場合

第3章　地域福祉の内容とその課題
1. 地域福祉の内容
2. 地域福祉の課題

第4章　地域福祉と計画
1. 地域社会の変貌
2. 地域福祉計画の系譜

第5章　地域福祉計画の意義
1. 地域福祉の制度化
2. サービスの需給調整と継続化
3. サービス供給主体の多元化
4. 社会資源の調達と適正配分
5. 福祉コミュニティの創造

第6章　地域福祉計画の理念

1．基本的人権の尊重
　　2．法の下の平等
　　3．生活の質の向上
　　4．地域性の重視
　　5．公私協働と住民参加
第7章　地域福祉計画の目標
　　1．施設福祉と在宅福祉の統合
　　2．保健・医療・福祉の連携
　　3．生活環境の整備
　　4．地域の組織化
　　5．地域福祉計画体制の確立
第8章　地域福祉計画の理論と枠組み
　　1．地域福祉計画の理論
　　2．地域福祉計画の枠組み
　　（1）構想計画
　　（2）課題計画（基本計画）
　　（3）実施計画
　　（4）評価計画
第9章　地域福祉計画の策定
　　1．策定体制の組織と運営
　　2．住民参加と実態調査
第10章　地域福祉計画の実施と評価
　　1．地域における組織化活動
　　2．住民活動の展開
　　3．事業の効果測定および評価
第11章　地域福祉計画の現状
　　1．地方自治体地域福祉計画
　　（1）老人保健福祉計画
　　（2）介護保険事業計画

        （3）地域福祉計画
        （4）障害（者）福祉計画
        （5）次世代育成支援行動計画
   2．民間非営利団体地域福祉活動計画
        （1）社会福祉協議会地域福祉活動計画
        （2）生協および農協地域福祉事業計画
   3．公民連携地域福祉事業計画
        （1）ふるさと21健康長寿のまちづくり事業基本計画

第12章　地域福祉計画の事例研究

   1．岩手県遠野市老人福祉（介護保険事業）計画
        （1）基本属性
        （2）計画の概要
        （3）現状の評価と当面の課題
   2．埼玉県鳩ヶ谷市次世代育成支援行動計画
        （1）基本属性
        （2）計画の概要
        （3）現状の評価と当面の課題
   3．東京都中野区地域保健福祉総合推進計画
        （1）基本属性
        （2）計画の概要
        （3）現状の評価と当面の課題
   4．東京都武蔵野市障害（者）福祉計画
        （1）基本属性
        （2）計画の概要
        （3）現状の評価と当面の課題
   5．静岡県浜松市北区地域福祉計画
        （1）基本属性
        （2）計画の概要
        （3）現状の評価と当面の課題
   6．島根県出雲市老人福祉（介護保険事業）計画

（1）基本属性
　　　（2）計画の概要
　　　（3）現状の評価と当面の課題
　　7．富山県小矢部市社会福祉協議会地域福祉活動計画
　　　（1）基本属性
　　　（2）計画の概要
　　　（3）現状の評価と当面の課題
　　8．生活クラブ生活協同組合神奈川地域福祉事業計画
　　　（1）基本属性
　　　（2）計画の概要
　　　（3）現状の評価と当面の課題
　　9．国立霞ヶ浦病院地域医療カンファレンス活動計画
　　　（1）基本属性
　　　（2）計画の概要
　　　（3）現状の評価と当面の課題
　　10．三重県四日市市ふるさと21健康長寿のまちづくり事業基本（地域福祉事業）計画
　　　（1）基本属性
　　　（2）計画の概要
　　　（3）現状の評価と当面の課題

第Ⅲ部　結論（研究の結果および提言）
第13章　地域福祉計画の課題と展望
　　1．地域福祉計画の総合化
　　　（1）公私協働の計画の策定
　　　（2）医療計画などとの連携
　　2．法制度および行政機構の改革
　　　（1）地方分権と広域行政
　　　（2）行政機構の改革と人事異動
　　3．計画者の確保と効果測定および評価のシステム化

（1）計画者の確保・養成
　　（2）効果測定および評価のシステム化
　4．社協の機能強化と住民参加
　　（1）社協の機能強化
　　（2）住民参加
　5．財源およびマンパワーの確保
　　（1）財源の確保
　　（2）マンパワーの確保
　6．サービスのネットワーク化と福祉のパラダイム
　　（1）サービスのネットワーク化
　　（2）福祉のパラダイム論
　　（3）ニューパラダイムの構築

謝辞
参考文献

参考文献

① 保坂弘司『レポート・小論文・卒論の書き方』講談社、1978年

国文科専攻の教授による著書である。発行年は古いが、多くの人々に読まれているベストセラーである。

② 澤田昭夫『論文の書き方』講談社、1977年

こちらも発行年は古いが、多くの人々に読まれている。西洋史専攻の教授による著書であるが、欧米の図書館などの事情にも明るいため、洋書の文献調査をしたり、英語論文を書いたりするうえでも有用である。

③ 栩木伸明『卒論を書こう　テーマ探しからスタイルまで（第2版）』三修社、2006年

文学部の卒論の書き方を中心に、その執筆要領をまとめた文献である。とくに英文科を学び、英語訳による卒論を書く予定の学生には参考となる。

④ 滝川好夫『アピールできる　レポート／論文はこう書く！』税務経理協会、2004年

「レポートから学術論文まで」という副題のとおり、「書く」「見せる」「報告する」をキーワードに詳述している。

⑤ 河野哲也『レポート・論文の書き方入門（第3版）』慶應義塾大学出版会、2002年

初めてレポート・論文を書く者を対象に、その練習の方法や本文の組み立て方などについて伝授している。

⑥ 戸田山和久『NHKブックス［954］論文の教室　レポートから卒論まで』日本放送出版協会、2002年

論文の意味や論証のテクニック、論文完成までのフローチャートなどを解説、紹介したハウツーもの。

⑦ 早稲田大学出版部編『卒論・ゼミ論の書き方（第2版）』早稲田大学出版部、2002年

題目（テーマ）の設定から執筆まで、卒論とゼミ（演習）の報告レポートについてわかりやすく解説している。

⑧ 岸本裕史『見える学力、見えない学力』大月書店、1981年

小学生を対象に書いたものである。しかし、本を読んだり、文章を書いたりすることは、その子どもの学力を伸ばすことに有益であることを伝授している良書である。

⑨ 波多野完治『実用文の書き方 文章心理学的発想法』光文社、1962年

心理学の視点から文章の上手な書き方を伝授したベストセラーで、わかりやすく説いているのが特徴である。

⑩ 清水幾太郎『論文の書き方』岩波書店、1959年

当代一流の文章家によるもので、「いかに書くか」は「いかに生きるか」の問題を避けて通れない、とする持論を展開している。

⑪ 柳修平『医療・福祉・看護系 はじめてのレポート・卒論』金芳堂、2003年

統計学にも精通した著者が書き下ろした著書で、プレゼンテーションにも言及している。

⑫ 小笠原喜康『インターネット完全活用編 大学生のためのレポート・論文術』講談社、2003年

「講談社現代新書」シリーズの一つだが、書名のとおり、レポート・論文を書くために必要なデータの取り込みから執筆、提出までをインターネットだけを使ってできるノウハウを盛り込んでいる。

⑬ 迫村純男・James Raeside『英語論文に使う表現文例集』ナツメ社、1996年

英語で書くときの体裁や英語論文によく使われる表現、文献のリストや注の書き方について丁寧に解説している。

⑭ 加藤恭子・Vanessa Hardy『英語小論文の書き方 英語のロジック・日本語のロジック』講談社、1992年

日本語と英語の言語的な感覚や発想の差異、論理や文章の構成の相違などを通

じ、正確でわかりやすい英語小論文について伝授している。

⑮ 大畠永生『レポートを書くためのパソコン入門』岩波書店、1997年

文字どおり、パソコンでレポートを書くため、日英のワープロ入力から編集機能、表計算ソフト、データの入力や計算、並べ替え、各種グラフの作成まで詳述している。

⑯ 都築学『大学1年生のための伝わるレポートの書き方』有斐閣、2016年

資料の調べ方からレポートを書くときのコツ、やわかい語り口などについて初心者に説いている。

⑰ 伊藤奈賀子・富原一哉編『大学での学びをアクティブにするアカデミック・スキル入門』有斐閣、2016年

学ぶ・表現する技術を身につけ、アクティブ・ラーニングを学ぶテキストとなっている。

⑱ 白井利明・高橋一郎『やわらかアカデミズム・わかるシリーズ　よくわかる卒論の書き方（第2版）』ミネルヴァ書房、2013年

卒論を書いたことがない学生に対し、必要な研究や執筆に関わる知識や方法を体系的、かつ具体的に解説している。

索 引

あ

アンケート　165
一重カギカッコ　45
インターネット　65
インタビュー　170
引用文献　49
ウェブサイト　69
　―の引用　74
英語　58
　―で書くときのポイント　59
　―による参考文献の書き方　61
　―による図表の書き方　61
　―による卒業論文の様式　182
　―によるレポートの様式　60

か

外来語の表記法　47
カギカッコ　40
課題　36
課題論文　30
片仮名の表記　47
感嘆符　45
キーワード　162
キーワード検索　71
記号　45
疑問符　45
脚注　51
句点　40
句読点　40
グラフの引用　57
形式名詞　38
ケース記録　109
結論　82, 90, 179
研究論文　30
原語の表記　48
検索エンジン　68
検索方法　156
口述試験　141
国立国会図書館　66
誤字　43

5W1H　80
五段階法　180, 214

さ

サービスの供給主体別の学び方　14
サービスの方法別の学び方　15
サービスの利用者別の学び方　12
探し読み　161
作文　29
雑誌の引用　53
査読　141
差別用語　39
サマリー　172
参考書　20
参考文献　49
　―の集め方　154
　―の活用法　161
　―の表記法　54
　―の読み方　161
三段階法　89, 174
試験レポート　78
　―の基本構成と文字量　83
　―の時間配分例　81
　―の実例　84
試験論文　30
視写　26
辞書の活用　158
実習計画書　108
実習日誌　109
実習報告会　115
実習レポート　108
　―の基本構成　114
　―の構成と内容　112
　―の対応　111
質問紙調査法　165
質問票　165
指導教員　151
修士論文　212
自由論文　32
主語　26
述語　26

常用漢字	38
助詞	38
助動詞	38
序論	82, 89, 174
審査	141
新聞記事	158
推敲	58, 181
数字の表記方法	46
スクーリング	107
図表の引用	56
精読	161
接続詞	38
ゼミ報告レポート	101
―の基本構成	103
―のレジュメ	104
俗語	39
卒業論文	32, 138
―の書き方	172
―の審査基準	142
―の様式	178
―の様式と体裁	172
卒論ガイダンス	138
卒論計画書	143
卒論提出・発表までの流れ	140
卒論発表会	183

た

題目	36, 138
―の選び方	146
脱字	43
試し読み	161
単行本の引用	53
段落	43
中間発表会	139
調査	165
聴写	26
著作権法	50
通信教育	107
である調	42
提出レポート	78, 84
―の基本構成	89

―の日数配分例	88
データ	156
テーマ	36, 138
―の選び方	146
です・ます調	42
統計・図表の引用	54
統計・図表の引用法	49
読点	40
図書館	65
ドメイン	73

な

中黒	45
二重カギカッコ	45
日本十進分類法	157
日本図書館協会	66
ネットサーフィン	74

は

博士論文	215
パソコン	62
発表	183
尾注	51
副詞	38
福祉の学び方	12
プレゼンテーション	183
―の方法	186
文献	154
―の引用	50
―の引用法	49
―の表記	51
文献目録	154
文章	22
文体	42
報告レポート	78, 100
報告論文	30
補助動詞	38
保存	63
本論	82, 89, 179

ま

孫引き ……………………………… 54
丸カッコ …………………………… 45
面接試問 …………………………… 141
面接授業 …………………………… 107
面接調査法 ………………………… 170
目次 ………………………………… 174

や

要旨 ………………………………… 172
用紙の使い方 ……………………… 36
四段階法 …………………… 180, 214

ら

レジュメ …………………… 82, 102, 105
レポート ……………………… 28, 78
　―の採点基準と評価法 ………… 122
論点 ………………………………… 149
論文 ………………………………… 29
　―の引用 ………………………… 53

著者紹介

川村匡由（かわむら・まさよし）

1969年、立命館大学文学部卒。99年、早稲田大学大学院人間科学研究科博士学位取得。

現　　在、武蔵野大学名誉教授。博士（人間科学）。福祉デザイン研究所所長、地域サロン「ぷらっと」主宰、シニア社会学会理事など

主　著：『地域福祉とソーシャルガバナンス』『地域福祉計画論序説』『福祉系学生のための就職ハンドブック』（以上、中央法規出版）、『社会福祉普遍化への視座』『介護保険再点検』『21世紀の社会福祉（全21巻・編著）』（以上、ミネルヴァ書房）、『現代社会と福祉（監修）』（電気書院）、『改正介護保険サービス・しくみ・利用料がわかる本（2018〜2020年度版：監修）』（自由国民社）、『地域福祉源流の真実と防災福祉コミュニティ』『地方災害と防災福祉コミュニティ』（以上、大学教育出版）、『防災福祉のまちづくり』（水曜社）、『避難所づくりに活かす18の視点（共著）』（東京法規出版）、『脱・限界集落はスイスに学べ』農山漁村文化協会ほか。

著者ホームページ：http://www.geocities.jp/kawamura0515/

三訂 福祉系学生のためのレポート&卒論の書き方

2018年8月20日 初版発行
2023年12月10日 初版第2刷発行

著　者：川村匡由
発行者：荘村明彦
発行所：中央法規出版株式会社
　　　　〒110-0016　東京都台東区台東3-29-1　中央法規ビル
　　　　TEL 03-6387-3196
　　　　https://www.chuohoki.co.jp/

印刷・製本：サンメッセ株式会社
装丁・本文デザイン：澤田かおり（トシキ・ファーブル）

ISBN978-4-8058-5740-3
定価はカバーに表示してあります。
落丁本・乱丁本はお取り替えいたします。

本書のコピー、スキャン、デジタル化等の無断複製は、著作権法上での例外を除き禁じられています。また、本書を代行業者等の第三者に依頼してコピー、スキャン、デジタル化することは、たとえ個人や家庭内での利用であっても著作権法違反です。
本書の内容に関するご質問については、下記URLから「お問い合わせフォーム」にご入力いただきますようお願いいたします。
https://www.chuohoki.co.jp/contact/